新版

地域分権時代の町内会・自治会

中田 実●著

自治体研究社

はじめに

二〇一一年三月一一日の東日本大震災以後、町内会・自治会をめぐる議論に変化が生まれている。町内会・自治会の必要性や重要性があらためて認識されてきているのだ。

それでは現在、町内会・自治会（以下では、固有名詞的なもの以外は町内会と表記する）の組織や活動をめぐる状況は改善に向かっているのかといえば、そう簡単ではない。全国どこからも聞こえてくる声は、むしろ逆である。町内会がいま直面するのは、加入率の低下や役員のなり手がいないという現実である。そして、その背景には、一人暮らしや高齢夫婦世帯の増加、病気や介護・子育てに追われる生活で、町内会どころではないという住民が増えていることがあるように思われる。

バブル崩壊後の経済の停滞とグローバル化のもとで、わが国は、新自由主義的政策を強める方向に転換してきた。超高齢社会にあって増えていく福祉や介護の負担は、在宅化を強化する政策によって、地域や家族に負わせる方向に進んでいる。その結果、地域も家族も、ますます厳しい状況に追い込まれ、町内会の活動への期待は高まっているのに、それを担う地域や家族の力が削がれて、問題に対処しきれなくなることも生じている。こうして、新たに取り組まなければならない重い課題が見えてくるときに、それに取り組もうと思う町内会自体が、その同じ重い課題で押しつぶされようとしているという矛盾に直面しているのである。

この矛盾のもとで、町内会には、もはや期待できないと見切りをつける意見もないわけではない。また、町内会は、住民が無理なくできる最小限の活動をすればよいという意見もある。さらに、町内会の取り組む課題が、独居の高齢者など、住民の生活に深く関わるものになっていくことから、町内会によるプライバシーの侵害を危惧し、支援を辞退ないし拒否する住民もいないわけではない。

他方で、町内会については、以前から、これを国（あるいは行政）による国民統制の組織とみて、その存在を否定する意見もあった。町内会の性格をどうみるかは、その起源をどこに置くかで見解は大きく分かれる。町内会は、先のアジア太平洋戦争前後の一時期（一九四〇年～四七年）に内務省訓令で位置づけを与えられ、さらに一九四三年には、市制町村制法上に規定されることになったが、これらの法令への位置づけをこの組織の起源とみれば、この組織の性格は行政への協力＝従属ということになるであろう。しかし、地縁による住民の組織は、この時期の前後にも、法令に規定されることとは別の、自治的な組織として存在した。さらに先の大戦後には、町内会は占領軍によって禁止されたが、敗戦後の社会の混乱期には、住民組織は不可欠であり、禁止令下でも町内会は実質的には存続したし、占領終了後には、また、全国的に復活し、戦後、新たに建設された住宅団地等でも、自治会等として新たに組織されてきたことは周知のとおりである。

どんな組織でも、構成員が関心をもって参加しなければ、運営の停滞や形骸化がおきる。また、構成員が関心をもって参加しないような組織は廃止してしまえばよいともいえようが、町内会は、地域での人びとのつながりが薄れてきているなかでも、行政とも連携しながら、住民の共同生活の場には欠かせない組織として位置づけられ、全国的にも他に類をみない高い加入率を維持して存続してきた。

超高齢社会を生き抜いていくためには、国の政策の充実は不可欠であるが、生活の場で人びとが助け合い、お互いのくらしを守っていくことも必要である。そういう状況下にあっては、町内会も、生活の場の組織として、その持てる力を最大限に生かして、期待される役割を果たしていくことが求められる。他方で、高齢社会とは、社会のために役立ちたいと考える元気な高齢者も、地域に増えていく社会である。内閣府の「社会意識に関する世論調査」で「社会に役立ちたいと思っている」と答える人の割合は、二〇〇八年以降、六五％以上を維持し続けており、五〇～六〇歳台では七〇％前後に達している。超高齢社会を生きるなかで、老老介護などで苦労している住民のそばで、何か「役立つことをしたい」と考える住民も多くいるのである（同調査報告書、二〇一六年）。

町内会の実態は、地域ごとの住民の暮らしの状況や町内会組織の歴史的経緯などによって異なり、多様である。近年は、市によっては加入率が五割を切るところもでてきている。また、町内会以外の地域諸団体のうちにも会員数の減少で困難を抱えているものもあり、それらが

（たとえば、少子化のなかでますます大事になるはずの子ども会さえ）「地域の組織」としての支援を受けることもなく、独自の判断で解散してしまう状況も生まれている。それだけに、どの地域にも存在してきた最も身近な町内会という組織の意味と役割をあらためて確認し、厳しい状況のなかでもなお潜在している地域の力を汲みつくして、住民すべての幸せのために、新たな歩みを続けることが求められている。

従来、世帯単位で組織されてきた町内会は、世帯の縮小という社会の構造的な変化に対応して、住民個人を射程に入れた運営方法に切り替えていくことが求められるようになってきた。そして、多様な住民の必要に応じて、多様な活動を進めることが期待される組織になってきている。行政にもその役割の充実を求めつつ、連携して地域課題の解決に取り組んでいくことが必要である。

そして、ここで改めて立ち返ってみたいのが、町内会という組織がどういう性格と特徴をもつものかということである。障害者にとっても高齢者にとっても、「当事者主権」の尊重が原則であるが、同様なことは家族・世帯についても、さらには分権化を進める町内会組織についてもあてはまる。町内会は、その特徴の正確な理解のうえに、運営の強化をはかることが、いま切実に求められている。

そこでまずは、町内会の基本的な特質が何かということから、検討を始めよう。

新版　地域分権時代の町内会・自治会◉目次

第1章　町内会とはどういう組織か

1　町内会の五つの基本的な性格

町内会の実際のありようは地域ごとに千差万別であるだけでなく、同じ町内会でも、変化してやまない。そんな多様性をもちながら、なお町内会であり続けているというには、一体どんな特徴があるからであろうか。いいかえれば、町内会の基本的で変わらない特徴とは何であろうか。

わが国では、町内会というと個人の生活に介入する「自由の敵」のようにみる人がいるが、たとえば個人主義の国フランスのアパートでは、夜九時以降はトイレの水を流してはいけないと決められていて、つい忘れて流してしまうと、翌日、管理人に注意されるといった話や、ドイツのアパートで、ベランダに干した洗濯物が見えていたり、花を枯れたままにしておいたら階下のおばさんに注意されたといった日本人の話はよく知られている。わが国のマンションでの近隣トラブルの大きな原因の一つは騒音問題であるが、この点では、欧米諸国の集合住宅のほうがはるかに厳しいといえる。大邸宅の住人でもないかぎり、共同生活では何らかのルールを決めて守るということは避けられない。規制の強弱は住宅の構造や周囲の環境等によって変わることは当然であるが、個人の生活への規制のすべてが悪い、というような議論は、町内会に関することだけでなく、およそすべての共同生活組織についても、現実離れしすぎているといえるであろう。問題は規制の目的や意味の共有、規制決定への参加、情報の提供といったことが保障されているかどうかであろう。こういう条件をみたす道がどのように開かれているかが問われるのであって、規制の有無で論ぜられるものではない。

そこでまず、地域で共同生活を営むための組織として、町内会がどんな特徴をもつのかを確認しておかなければならない。

町内会の衰退がいわれる現在でも、町内会の基本的な特徴をどうみるかについては、あまり意見の差はないように思われる。「集団主義」といった超歴史的で理念的な特徴でなく、より客観的な特徴として、以下の五点をあげたいと考える。

① 一定の地域区画をもち、その区画が相互に重なり合わない
② 世帯を単位として構成される
③ 原則として全世帯（戸）加入の考え方に立つ
④ 地域の諸課題に包括的に関与する（公共私の全体にわたる事業を担当）

⑤　それらの結果として、行政や外部の第三者にたいして地域を代表する組織となる

これらに加えて、町内会が草の根保守主義の地域基盤であるとか、地付き高齢男性支配の組織であるとかがあげられることもあるが、これらは一定の地域や時代を背景に現れるもので、すべての町内会の特徴とはいえない。戦後に雨後のたけのこのように都市近郊部に出現した団地の自治会などをみれば、こうしたことがあてはまらないことは明らかである。もちろん、今日でも地付き高齢男性支配の町内会がないわけではないであろうが、普遍的な特徴としては取り上げるわけにはいかなくなっている。また、町内会は行政の支配下にある下請け機構であると考える人もあるし、行政協力的な機能をもっていることは否定できないが、それが町内会のすべての性格を表す特徴といってしまうこともできない。右記五項目は、歴史貫通的に保持されてきた特徴であり、まずはここから議論をスタートさせよう。

これらの特徴については、以下に章をあらためて経過や問題点などについて詳述するが、これら五つの基本的特徴は、なおいくらか抽象的であり、また過去の議論では異論もないわけではなかったので、これらの論点を意識して補足的な説明を加えておきたい。

2　基本的性格についての補足説明

①の地域区画性は、地縁で結ばれる町内会の区域に関するものである。都市化の進行と生活

圏の拡大の結果として、町内会の区画は、日常の生活ではほとんど意識されなくなっているかもしれない。しかし、地域に区画があることは、自治体を考えても、小学校の通学区を考えても、そんなに不思議ではない。町内会についても区画が決められており、幹線道路や自然物で境界づけられていることが多いが、そのような区画に仕切られているのには、氏神さまを祭る人びとの存在、近代都市計画の結果など、区割りが決まった時代の興味深い歴史的背景があるのが普通である。

また、現在でも、人口や児童数の増減、あるいは住宅開発の結果によって、町内会や学区の区域が変わることがあり、行政区画さえも市町村合併によって大きく変わることは最近も経験したとおりである。そのように区画が便宜的な性格のものになる傾向があるとしても、地域組織が一定の明示的な区画をもつことはふつうのことである。アジア社会での区画は歴史的あるいは自然的な意味をもつものが多いが、たとえば、フランスの都市の地域住民組織はNPO型のものであるが、グルノーブル市やアミアン市など全市にくまなく住民組織があるところでは、その区画（住区という）は明確に区切られていて重複はなく、各住区には一つの組織（住区委員会等）しか存在できないものとなっている（外国の事例については、中田実編著『世界の住民組織――アジアと欧米の国際比較』自治体研究社、二〇〇〇年、参照）。住民組織が地域自治の組織であるときには、自治の及ぶ範囲がどこまでかは、重要なことである。

町内会は、地縁型の社会が成立して以後、歴史的にも現状においても、特定の区画において活動する組織であった。ただ、局地的には、別の町内会の区域に引っ越したあとも以前の町内会に籍を置いたままにするといったケースもないわけではないが、それは一時の例外的な措置でしかなく、時期がたてば解決していくものであった。

いずれにせよ、職住一体型の地域から職住分離型のそれに変わっていくにつれて、また、土地の私有制が確立し、共有地や共有施設の維持管理といった仕事がなくなると（これらを残している町内会の地縁団体法人化については第11章を参照）、地域は多様な生活パターンをもつ住民の生活の場となり、地域区画はたんなる住居表示や郵便配達区域のような技術的な区分でしかないように受けとめられる傾向がみられた。

また、住民の生活圏の拡大によって町内会の区域が狭小となり、町内会はもう必要でなくなったといわれることがある。しかし、住民の現実の生活がどこかの範囲で完結すると考えることは、広狭のどの範囲についてもありえなくなっている。しかも同時に、地域社会の範囲は相対的、累積的であり、生活圏の範囲が広域に広がったといっても、それは狭域の意味がなくなることを意味しない。町内会のもつ意味の相対的な低下は当然起こるが、狭域社会も新たな段階に対応する存在意義をもち続けるのである。

世帯を単位とすることの意味

②は町内会が共同生活の組織であることから、生活単位である世帯を加入単位とすることで

ある。個人の自発的意思を出発点と考える近代集団の原理からすると、世帯を単位とする町内会は、前近代的組織とみられて批判の対象とされることがあった。家父長的なイエ制度が生きていた時代はともかく（その時代でも、庶民の家族にどれだけの家父長の実権があったかは疑問視されている）、町内会が想定する会の構成員は、町内のすべての住民であって、世帯を単位とする意味は、主要には会費納入の単位や会議の成立を決めるための基礎数であり、また広報誌などの配布物の必要数を示すものでしかなかった。町内運動会の競技種目が子どもから大人まで広くわたることでもわかるように、町内会の目は地域の全住民に向けられていたのである。後述の地縁による団体の構成員が住民個人となっていることとも、矛盾するものではない。

それでもなお町内会が世帯を制度的な単位とするのは、ゴミ処理や防災問題を考えても具体的な日々の生活のまとまりが世帯であることは明らかであり、これを共同生活の単位組織とすることは合理的であるからである。だから、特別の場合を除き、実際に会議や行事に参加するのは世帯員のだれでもよいし、また、運動会や祭り等の行事には全員が参加することが期待されるのである（一七一頁の資料参照）。世帯単位であることから、世帯員個人の自由の侵害をおそれなければならない状況ではないといえる。

問題があるとすれば、家族形態の多様化をうけて、加入単位の戸または世帯がどれを指すかについて必ずしも明確ではなくなっているということである。たとえば二世帯住宅の場合は一戸扱いとするのか、あるいは親子世帯が近居で二戸を構えているとき、しかも親が一人で住んでいるので子ども世帯とあわせて一世帯としてほしいといわれたときはどうするか、といった問題も機械的には扱えない問題であろう。

共同生活のルール

町内会の性格に関して、一番問題とされてきたのは③の全世帯加入の原則であろう。そしてここにまた、町内会の基本的な性格と役割（機能）が集約的にあらわれている。

周知のように、現実の町内会には全世帯が加入しているわけではないし、加入率は低下の傾向にある。一見、参加する、しないは自由になりつつあるとすれば、この原則は失われてきているともみえる。後に第10章で詳しく検討するように、二〇〇五年四月に、最高裁判所は「自治会脱退は自由」という判決を下した。そうであれば非加入者にとって町内会問題はなくなっているはずである。しかしそう簡単に割り切れないのが地域社会の特徴である。町内会を批判する人があとをたたないのは、独自の社会的、政治的、宗教的理念によるか、町内会の意思や活動が、たんなる他人事でなく、自分の利害や価値と抵触する点がなにか残るからであろう。

地域で暮らしていれば、町内会に加入していなくても、何らかの関わりが生じるのは避けられない。つまり、地域では、まったく他者と関係のない自立した個人というものは存在しないのである。そこには建築基準法とか道路交通法、あるいはゴミのポイ捨てや路上喫煙禁止条例といった法令あるいは行政によって規制されている規範もあるし、ゴミ当番や防火防災パトロール、マンションの騒音やペットの飼育のような、地域住民組織で決めて実行しているルールもある。これらには法令を含めて賛否の意見はあろうが、住民として関係ないとはいいにくい事柄である。

地域での共同生活の事実から生じるこうした関係は、いわば組織が生み出される以前から存在する前提条件であってその逆ではない、と考えられる。そうしたルールは町内会加入者でもなかなか守れないのが実情であろうが、だからルールなどつくるなとか、守りたい人たちだけでやればよいということには直ちにはならない。特別の事情のある人について配慮することや、みんなが参加しやすい形に改善すること、あるいは決め方、周知徹底の仕方の透明化についでは当然であるが、それとルールがあることがけしからんということとは別のことである。ルールを無視して生活することは、ほかの住民に迷惑をかけるか、他人の努力にただ乗りする（フリーライダーとなる）ことになる恐れがある。先の最高裁判決でも、脱退は自由だが、「そこに住む限り、共益費の負担は免れない」として、納入していなかった共益費の支払いを命じている。

逆に、有志の任意の活動を超えて他人の協力がほしい地域改善の課題があるとすれば、その実効をあげるためには、やはり最大多数（つまりは全員）の理解と協力が望ましいということになろう。ある事柄についての推進者は、一人でも多くの賛同者、参加者をもとめて呼びかけを行う。地域問題では、多くの場合、すべての住民が関係者となってしまうからである。

また、高齢化がすすんで、独居高齢者から、寄り合いにも出ていけない、会費も払えないから脱退したいという申し出がふえているという。こうした世帯を地域のみんなで支えあうことが必要となっているときにそれができないでは、組織のあり方に問題があるといわなければならない。会費や行事への参加を免除し、しかし町内会の一員として逆に見守り体制を強化するといった対応が求められているといえよう。

いずれにせよ、この③の特徴の基礎には、地域社会とその構成員である住民のとらえ方、いいかえれば、地域社会を構成する主体をどう考えるかという問題があるが、この点は後に再度取り上げる。

公私協働論に立って

④地域の諸課題に包括的に関与するというこの組織の特徴は、将来、どんな問題が出てくるか予想できないことも含んでいる。先に紹介したフランスのアミアン市で活動する住区委員会の機能について、住区委員会憲章では「住区委員会は、その住区に関するすべての事柄について権能を有する」（第1章Ⅲ－4）と規定している。

この特徴にたいしては、一つは、こうした包括的な機能をもつ組織は機能的に分化した近代的集団にはありえないもので、人間を丸ごと包摂する前近代的組織であることを示すものだという批判がある。近代的（あるいは西欧的）と規定された特徴を前提に現実を裁断し、批判する方法を近代主義的批判というが、こうした手法は現在ではあまり表面には出てこない。しかし、個人の自由の擁護ということを盾にするときには、なお強烈な力を発揮しつづけている。

このように包括される機能の中には、行政との関係も含まれることから、二つには、町内会が行政支配の下に組み込まれ、行政の下請け組織となりやすいことに向けられる。本来行政が行うべき公的事務を私的組織が担うことは、公私混同に他ならず、このこともまた、町内会が近代的組織となっていない証拠と目されてきた。行政との関係については第5章でふれるが、参画、分権が課題となり、下請けから協働に視点の転換が起こるとともに、町内会とＮＰＯとの関係という新たな展望が浮かび上がってきている。こうした時点で、このような公私二分論に立つ批判は、それ自体が限界を露呈しており、むしろ両者に協議・連携の機会があったことを、今後の協働の活動に生かしていくことが期待されている。

三つ目として、町内会が地域共同の課題ではなくて本来私人有志で処理すべき問題（中心は政治的、宗教的な活動）をも区別なしに取り込むことで、個人の基本的人権を侵すおそれがあることが批判される。この問題は、住民構成や価値観の変化という時代の波に立ち遅れている一部町内会の恥部をなしてきた。しかし、地域の歴史を背景にもつこれらの問題は、町内会の運営の中で民主的に解決していくべきものであり、この問題から町内会否定論を引き出すのは、「産湯と一緒に赤子を流す」のたとえ通り、町内会の本質を見ない速断ではなかろうか。いずれにせよ、地域社会の主体である住民も、かれらをとりまく環境も変化し続けているのであるから、あらかじめ町内会で取り上げる領域を限定することはむずかしいといわなければならない。

地域の「共」をめざす発展途上の組織

最後の⑤の地域代表性については、住民自治組織が団体としての自治の権限（団体自治権）をもつことを表明するもので、先のアミアン市の住区委員会の規定では、この組織は本来任意組織ではあるが、行政との関係では、「市民を代表する組織」と認められ、「市当局と住民との間を結ぶ役割を果たす」（憲章Ⅲ－1）ものとされている。わが国では、町内会の区域で起きた問題について何らかの意思表示を必要とするとき、行政に対しても住民に対しても、その権限をもち責任を負うのは町内会である。代議制が採られるときには、その委員が選挙で選ばれているかどうかが正統性を保障する重要なポイントであるが、全員加入の総会制をとる町内会にあっては、運営が民主的な住民自治にもとづいて行われている限り、問題は生じない。今日では、町内会（多くは役員会）の決定について、住民自治の観点から、実質的に住民の意向を代表しえているかどうかをめぐる訴訟が起きるまでになっているが、すべての決定を行政にまかせるべきだといわないならば、どの組織が実質的に住民を代表しうるかという点では、ほとんど疑義はないものと思われる。

以上、町内会の基本的特徴と思われる事柄について、これまでの町内会批判論が取り上げてきた論点を意識しながら概略をみてきた。

ところで、これらの特徴のどこかについて否定的評価をくだし、その改変を提唱することがあるとすれば、それは結果として町内会否定論につながることになることがある。たとえば、③について、それは全世帯加入を「強制する」ものであり、そういう制度は現代では不当であることから、町内会を「任意加入制の組織」とすべきだと主張するとすれば、それは、町内会を町内会ではないものにしようとする主張となってしまうということである。ここで問題なのは加入が「強制」かどうかという文脈ではなく、町内会が地縁型組織であるかぎり、この特徴は欠かせないということである。これらの特徴から派生する問題があることは否定できないが、それらの問題を解消していくことと、組織の原理を否定することでは、問題へのアプローチが全く異なるのである。

もちろん、任意加入制の組織があってもいいし、現に多くの任意組織があるのであるが、それとは違う「町内会型」とか「コミュニティ型」とか呼ばれる原理をもつ地域組織が町内会なのであって、地域生活の場面では、近隣の人びとが共同、協力しあうことは多くあり、そのための共同の組織があることはむしろ当然のことだからである。なるべく多くの住民が、できれば全員が、相互理解のうえに協力しあう方向を模索し、そのような組織を維持できるとすれば、それはすばらしいことである。その意味では、町内会は「公私」二分論や自由と強制の二元論とは異なる次元のものである。町内会は、長い歴史をもちながらも、なお、完成した組織というより、地域におけるより望ましい「共」、すなわちコミュニティの関係づくりを目指す発展途上の地縁的自治組織というべきものであろう。

第2章　町内会をどうみるか——立ち位置によって見え方が違う町内会

前章では、町内会論が、町内会の評価をめぐって、前提となるこの組織の基本的性格の理解があいまいなままであるため、一見したところ町内会の発展を目指す主張のようにみえて実はその解体を導くものとなっているといった議論の現状を整理することを試みた。そして、この整理の前提となる町内会の基本的な特徴（それを欠いたら町内会とはいえなくなるという特徴）を確定し、それらの根拠が住民の地域での共同生活の事実に根ざすものであることを概括的に述べた。したがって、町内会の改革とは、よくいわれるように個人の自由を拡大し、地域団体間の関係を平等にすることを基準とするのでなく、地域における共同関係の成熟化（それは単なる濃密化とは異なる）をすすめることで、地域における住民共同の実現という町内会の特徴がよりよく発揮できるようにすることであることをみてきた。

このような主張をめぐっても、さらにさまざまな議論があろうが、こうした議論を収れんさせていく努力がこれまで十分になされてきたとはいいがたい。その原因には、これまで町内会についての議論の積上げと共有がむつかしかったことがある。そこには、町内会がひとりの個人の中でも完全に割り切ることができないあいまいな状態のままで放置されてきた面がないとはいえない。こうした状況にも目配りしながら、本章では、町内会を見る立ち位置の違いに起因すると思われる論点を取りあげる。

1 理論・理屈のレベルと実態的な評価とのかい離、混乱

町内会をめぐる議論のなかでは、住民の関心や加入率の低下、役員のなり手がないなど、町内会の空洞化を指摘する声が多い。しかし、それにもかかわらず、新聞等の投書欄に現れる町内会についての苦情には、今でもときに、町内会に反対すると「村八分が心配」という意見が述べられる。戦後二五年の一九七〇年代においても、町内会について論ずることは「暗黙のタブー」（岩崎恭典・小林慶太郎「地域自治組織と町内会」『都市問題研究』五八－八、二〇〇六年）であったといわれていた。ここには、町内会はもう意味がなくなり、実際に自分の住んでいる地域に町内会があるかどうかも知らないし、自分とは関係がないという意見にみられるこの組織についての過小評価と、前近代の亡霊とまごうばかりのその力についての過大評価との共存、混在がみられる。

評価をめぐるこの奇妙な事態の基礎には、戦後、研究者や行政職員、さらには地域住民のあいだで、この組織についての認識の共有と継承が適切になされてこなかったことが底流にあっ

たように思われる。その背景の一つとして、第5章で詳述する、この組織がたどってきた歴史の不幸があり、それが主体的な議論を妨げてきたことは無視できない。それをタブーと呼ぶかどうかは措くとしても、この組織をめぐる理論が深められずにきた背景には、この組織にたいしては、個人的にも割り切れない気持ちが残っていたことが影響しているのではないかと思われる。すなわち、主として欧米の議論を根拠に、町内会は時代遅れで価値がないものとしてこれを否定し、無視する意見が比較的強くあり、それは、近所づきあいはわずらわしいという感覚をもつ人びとの実感を正当化する理論的根拠を提供するものとなったが、他方で、原理的にみれば、地域で住民が協力しあい、よい環境を整備・維持することはよいことであり、とりわけ大地震や風水害のような地域全体に被害を及ぼす災害や、高齢者の見守り、子どもの安全などを考えると、行政任せではすまないこともよく理解できたからである。しかも時代遅れの組織ならいずれ消滅するはずであるから、放置しておけばよかったのに、現実には町内会はなくならず、団体数からいえばむしろ増加してきていたこと、また、町内会や組の数の多さから、現在または過去にそれらの役員や当番を務めた住民の数は非常に多く、その経験から、町内会は地域を知り、近隣住民が接触をもつうえで貴重なものであることを感得してきたことがあり、簡単な否定論に立てない現実があったのである。日本の近代化がはらんでいた欧米的なものとアジア的なものとのアンビバレンス（二つの相反する面が混ざり合っていること）の露出場面でもあった。

近代化、合理化しなければならない面があることは否定できないが、組織そのものの廃止を主張することもできない――それは実は多くの近代的組織にも共通する問題ではある――ところに、町内会に関する議論がもうひとつ煮え切らないかたちできた理由があるのではないかと思われる。ここに町内会の基本的な特徴を確定し、地域における共同関係の成熟にむけて目標を明らかにする意義があるといえる。

2　地域のなかの個人の位置

人は社会関係の中で自らの立ち位置を確認し、その位置にあるものとして自らの役割を規定する。家族という集団の中での位置と役割、職業という社会的分業の中での位置と役割、職場という組織の中での位置と役割等々である。それでは、地域（住む場所）の中で、個人はどんな位置と役割をもつのであろうか。

伝統的な地域社会では、人びとは比較的狭域の生活圏で何代にもわたって生活し、一定の社会構造のなかで、相互に面識があり、暮らしていた。そこでは個人はまず、地域社会（具体的には、たとえばムラ共同体）の意思によって設立を認められたイエの一員として位置づけられ、さらにその地域社会がもつ経済的、社会的な分業構造、階層構造、親族構造、さらには文化的・心理的構造のなかで特定の地位を占めてその地位に付随する役割を果たし、そのことが自他ともに承認される状況にあった。他方で、イエ制度が充分発達しなかった漁業村落などでは、年齢別の集団として行動や文化をともにする年齢階梯型の制度（特に若者組、壮年団、年寄組など）があり、個人はそのなかの一員として認知された。地域移動が抑えられ、身分的に固定されて、不自由ではあったが（当時では、それが当たり前で、とくに不自由とも感じなかったというのが実態であろうが）安定した社会であった。

社会の近代化がすすみ、（法律の範囲内においてではあるが）「居住及移転ノ自由」（大日本帝国憲法第二二条。日本国憲法においても同条）が認められ、個人が身分や家柄でなくその能力で評価されるようになると、個人とその生活の場である地域との関係は偶然的な性格のものになっていく。どこに住むかの決定は、もっぱら個人の経済力や好みによって行われる選択の結果であり、また、住所の移動は、親の転勤や自分の進学、就職、結婚などでひんぱんに起こるようになる。一方では、生まれた地域に根をおいて暮らしつづける地付きの人間もいるが、他方、とくに都市部では、統計的に数年で全市民が入れ替わるような流動性の高いところもまれではなくなる。ふるさとと呼べるような愛着のある地域をもたない、いわゆる「根なし草」の人間が膨大にふくれあがっているのである。こういう人びとが多い地域では、地域についての知識もなければ行事への参加もなく、郷土愛の気持ちも生まれてこない。以前にはあった先住の住民に配った「引越しそば」（「おそばに参りました」の意味で行われたという）の慣習もうすれ、地域にたいする無関心が広がってくるのも避けられないといえよう。

町内会を住民をしばる前近代的な組織とみれば、町内会から自由になることは市民的自由と自立の拡大であり、望ましい変化と考えられもしよう。個人は地域の中では他の住民と対等で、国民としての義務さえ果たしていれば、後は他人からの何の拘束、介入も無縁であると思ってしまうかもしれない。ある意味では、地域社会は、職場やクラブ活動などと比べて、もっとも市民社会的な空間であるということもできよう。近代市民意識の強い人びとにとって、地域は全く自由であるはずのものであった。したがって生活の場で自分の意に反することが起きれば、それを批判し、拒否することは当然の権利であると思ってきた。

しかし、地域に前から住んでいて、地域での共同生活のルールを決めてそれにしたがって生活していた人からみれば、後から転入してきた人が、そのルールはおかしいといって従うことを拒否したり、ただちにその変更を要求したりするとすれば、それは先に住んでいた人びとの意思を否定することになる。これまでのやり方に違法性や特別な差別的な内容がないかぎり、こうした行為は社会的に失礼であり、また非常識な行為とみられても仕方がない。思想信条や宗教的な事柄についての押し付けは、よく問題となるケースであるが、現在のルールに従えない理由があるなら、頭ごなしに拒否するのでなく、理由を伝えて適用免除を申し出ることはできよう。建築協定や地区計画がある地区であれば、その事情は事前に調査しておくべきことであり、住民として対等ということで、その地域の過去の歴史を一方的に否定していいことではないし、また否定できるものでもない。住民の理解と納得がないとルールの変更はできないし、守られもしないのであるから、ルールの背景となる地域事情をよく研究し、多くの住民が納得できる仕方で変更を行っていくしかない。

新興の集合住宅では、過去のしがらみがないだけ自由なルール設計ができるといえるが、今度は住民の参加、協力がなかなか得られないという苦労がある。自立した市民が共同生活を営むには何らかの「社会契約」が必要であり、また社会契約が成り立つためにはその前提として「非契約的なもの」（E・デュルケム）である両者の相互理解が成り立っている必要があるために、それなりの試行錯誤の時間（歴史）を要するのである。自立した市民といっても、何の準拠点もない住民というものは存在しない。「近接性の原理」は近所であるがゆえに築くべき相互の関係があることを示唆しているのである。

3　個人主義の成熟と社会関係

経済の高度成長期の、人口の流動性が高かった時代から、定住化の時代へと移行するなかで、「終の棲家（ついのすみか）」ではないまでも、一定の期間、隣人として同じ地域空間、地域環境を共有する人びとが増加し、地域生活諸条件を共同利用することから、意識するかどうかは別として、お互いの接点なしに生活することができなくなってくる。集密型の居住をなす都市生活になればなるほど、自由の拡大とは逆説的に、生活諸条件の共同利用や保有する資産の価値の維持に関して共通の利害関係をもつようになるのである。その典型は集合分譲住宅での居住で、扉を閉ざせば外部から遮断された自由な世界が確保されるようにみえて、実際にはその逆に、騒音やペットの飼育、ゴミ出し、さらには建物の改修・改築のルールにいたるまで、高度な社会性が求められる住まい方を必要とするのである。

ヨーロッパの都市で生活する日本人が、集合住宅での住まい方をめぐって隣人から注意を受けたという話は前章でも紹介したが、夜間のバス・トイレの利用、洗濯物を外から見えるところに干すこと、ベランダの花を枯れたままにしておいたなど、個人主義を徹底して追求していけばいくほど、他人の自由を侵害するおそれのある個人のエゴは許されないことになっていく。その基盤にあるのが「赤の他人との連帯」（薬師院仁志『日本とフランス　二つの民主主義』光文社新書、二〇〇六年）であるといわれるが、ここには個人主義化が人間の孤立化ではない論理が読み取れる。

こうした文脈でみれば、これまでの町内会に関する議論においては、町内会が個人に介入してくることを恐れてこれを拒否する論理が表面に出て、それの半面で、自分の側が地域の隣人とどうつきあうかのルールへの関心がまったくといっていいほど欠落していたことに気づかされる。他者との関係が成立していないところでは、自己防衛のメカニズムとして「他人を見下す」心理が働くことは、何も現代の若者に限らないのではないかと思われる（速水敏彦『他人を見下す若者たち』講談社現代新書、二〇〇六年）。これまで町内会に存在してきたルールをすべて受け入れなければならないということはないし、とくに個人の内心にかかわる問題についての対応には改めなければならない点が多いが、このことを根拠に町内会という組織そのものを否定するような議論では、この組織を批判はできても廃止することはできなかったことを認めなければならない。

個人と組織の課題

こうした経過をみると、町内会を、住民の自由と人権を奪う非民主的な組織で行政によって支配されたものととらえ、批判する声の原点は、町内会が全世帯加入制をとり、本人の意向を無視した強制加入ないしは自動加入制をとるものと考え、そしてまた、その意味をよく理解できないままに活動への参加(行事や寄付等)が求められてきたことがあったように思われる。この点では、十分な参加がないところでは、ある事柄について、それの推進者にとってはそれは自主的な取り組みであっても、受身で対応する人にとってはそれが押し付けのようにみえることはつねに起こることである。参加するなかで、その事業の意義が理解できたという声はよく聞くことであり、この点では、自主的か強制的かは、立場によって反転することもあるのである。

それは他方では、個人の意に反することをキッパリと断れない住民個人の側の主体性の弱さの現れでもあるが、その両方を含めて、これが町内会批判として主張されたのではなかったであろうか。

情報の共有を含めて、町内会運営の民主化はそれ自体大きな課題である。とくに生活様式や価値観が多様化した現代の住民について、個人の意見をどのように吸収し集約していくか、その方法を研究することは焦眉の課題でもある。しかし、たとえばアンケートを行って苦心の結果決めた事業が、現状では、表面上だれも反対できない、しかしインパクトの弱い活動、多くは親睦中心の、上すべりの行事となりがちであることも否定できない。しかもその行事を行うことだけでも大変な今日では、その先の改革のための深い議論を重ねることもできなくて、全住民の意向を最大公約数的に尊重すればするほど、かえって町内会の存在価値を低める結果となるという皮肉な状況さえも生み出してきた。

多様な個人を擁する組織では、多かれ少なかれ同様の問題をかかえており、町内会だけに固有のものではない。たとえば、太田肇は、わが国における個人と組織とのせめぎあいを分析し、そこに「囲い込み症候群」という特徴的な病理を発見する(『囲い込み症候群』ちくま新書、二〇〇一年)。しかし、町内会を否定するその議論は、同氏が繰り返し指摘するように「『個人』の視点」から行われている。その限りではなりたつ主張であるとしても、社会現象の意味は個人の側からだけで裁定することはできず、しかも、個人の側の「自我肥大」がすさまじく進行しているもとでは、こうした批判は、地域における他者との共存というむつかしい現実との対決を避けた一面的な議論といわなければならない。

個人と行政の二項対立の克服

それにしても、町内会については、会の運営に関する疑問がたやすくそれの解体・廃止と結びつけて論じられてきたのはなぜかを考えると、わが国の近代思想のなかで、地域での共同が封建的なものとして否定され、低い価値しか与えられてこなかったことがみえてくる。そこには共同体か市民社会かという抽象化された二項対立の発想が色濃く存在しており、それはさらに個人か組織か、行政か住民か、あるいは支配か自治かという議論と重なりあっている。町内会を半官半民の組織とみる見方もあるが、この場合でも、両者の関係は、民の力が働くことで官の領域に浸潤していく面は軽視され、もっぱら官による民の支配が注目される傾向があった。地域生活の場面での共同は、いま、こうした二項対立的な枠組みでは理解できないものであることが明らかとなってきている。

こうして、町内会の評価についても、それを個人の私益を基本においてみるか、行政の意向を軸にしてみるかだけでなく、地域の共同生活をどのように維持・管理し、発展させていくかという、両者を統一した視点でなされることが必要である。公共・共同と対立的に、あるいはこれと無関係に、それらの外側に個人を置いてみる自我「肥大化」の時代だけに、両者の統合がされないままの未熟な個人主義論の拡大で問題が解決できるものではない。町内会についてては、発言者の個人的な信念や体験にもとづく感想をぶつけあう議論がしばしばまかり通ってきたが、評価の前提となっている視点を問うてみることが必要である。視点が違う議論ではかみあわないし、議論の積上げができないからである。

三・一一以後、新聞や週刊誌、テレビで町内会の問題を取り上げることが増えてきているように思われるが、ここでは、特定の「事件」を、主に「被害者（市民）」の視点から取り上げて批判的に報道するものが多い。マスメディアの機能としては、批判すること自体は当然のことではあろうが、町内会という組織についての理解を欠き、何が批判されるべき問題かについての認識が疑われるような報道もないわけではない。マスコミで取り上げられることは歓迎されるべきことであるが、それが町内会についての負の印象を強め、建設的な方向での議論を遅れさせることになるとすれば、それは問題である。

こうした事態の背景には、先の大戦中の、国策にからめとられていた町内会についての総括が不十分であったことや、戦後になっての町内会の位置づけが、自治体ごとにきわめて多様であったことなどがあるように思われる。また、すべての住民が多少ともかかわっている町内会について、建設的な議論を継続して行う場もなかったことが作用しているのではないであろうか。そのために、町内会の抱える問題を、町内会の改革と発展という視点で十分議論することなしに経過してきてしまったのではないか。少子高齢化がその進行の度を速め、町内会が注目されてきているいま、多様に現れる現象にまどわされずに、その特質と課題について検討を深めることが期待される。現在、（公益財団法人）あしたの日本を創る協会がその機関誌『まち・むら』を「自治会・町内会情報誌」という副題をもって刊行（創刊一九八一年九月、季刊）していること、自治体問題研究所が開催する自治体学校等で、関連する分科会を設置し、同研究所が編集する月刊『住民と自治』誌で、折々に特集を組んで議論の場を提供してきたことなどが、わずかな継続的な取り組みの例である。

第3章　町内会における自治の二側面——住民自治の諸相

1　町内会の自治の性格と二つの側面

第1章であげた町内会の五つの特性、すなわち①地域区画性、②世帯単位性、③全世帯加入性、④機能の包括性、⑤地域代表性のなかで、個人の自由との関係でもっとも批判を受け、また同時に町内会の性格を一番よく示しているのが、③の全世帯加入性と、それに基礎をおく⑤の地域代表性である。町内会についての批判のなかには、町内会が「全体の調和を前提」にする組織であるとの一面的評価にたって、個性の多様化がすすむなかでは、町内会のような組織は必然的に個性を「圧殺」するものとなり、したがって現代では許されない組織だというものがある。この議論は、町内会ではなぜ全世帯が加入することが求められるのかについての考察を欠き、加入後の町内会の運営が個性を圧殺するものになることを必然のものとみる偏見にとらわれているといわざるをえないが、これらは程度の差はあれ、町内会をめぐってなされてきた最大の論点であった。

全世帯加入性

まず、全世帯加入性については、町内会が地縁にもとづく組織であるという特徴を見落としてはならない。どんな組織もそれなりに組織運営の原理をもっているが、町内会は一定の地域区画を基盤とする組織であることから、そこに関与するすべての個人について開かれたものとすることは、もっとも基底的で民主主義的な条件である。地域社会が階層構造につらぬかれた時代にあっては、地主など地域支配層の組織があったにしてもそれは現代の町内会と同質のものではなく、かれらの支配のもとで分断されながらも日常的なさまざまな協力関係で支えあう人びとの上に立つ、支配者の集団でしかなかった。しかし、町内会への加入が名望家層以外にも開放されていく大正デモクラシー期以降（玉野和志『近代日本の都市化と町内会の成立』行人社、一九九三年）、そしてとりわけ第二次大戦期における全国民の「強制的画一化」（雨宮昭一『総力戦体制と地域自治』青木書店、一九九九年）の推進という歴史的経過をたどることで、現代の町内会の形ができてきたのである。地縁社会においては、同じ地域に属する（居住ないし営業する）ことがその構成員であることの条件であり、それ以外の職業的、階層的、民族的、性別などの条件をもって構成員を限定することは地縁組織の本来の姿ではない。そういう意味をもつだけに、全世帯加入の原則は、とりわけ地域分権が強調される現代においては重要な条件となっている。それが住民にとって義務として課せられるものなのか、あるいは当該地域に居住する住民としての権利を表すものなのかは明らかになってきているのではなかろうか。このどちらの側面を重視するかで結論は逆転するが、町内会の性格を議論するさいには、先ず留意されるべき論点である。

地方自治の領域として

町内会が必然に個性を圧殺するという主張についてみると、一般に町内会が多様な歴史的背景や個性をもち、かつ基本的に対等な立場にある住民よりなる組織であることから、その組織の民主的運営は困難をはらむものであることは想像に難くない。町内会も、国や自治体が憲法以下の法令にしたがって運営されるのに準じて運営されることが基本であるが、地域には資源や歴史に固有の特徴があり、町内会の運営においてすべて全国一律の形にすることが必ずしも適切であるとはいえないであろう。まさに地方自治の領域である。このレベルでの自治をどのようにつくり上げていくかが、地域と住民に課せられた課題であり、また町内会の面白さである。

町内会のなかには、町内会長に全権委任して独断を認め、議論をしない、あるいはさせないところがあるかもしれない。こうした場合には、民主的な議論を行うように努力すべきであり、自己の主張を説得的に展開して同意をうるように、粘り強く働きかけるべきである。「草の根」社会では、こうした議論になれていない住民が少なくないので、思うようには進まないが、そこで折れてしまっている限り、日本社会の民主化は達成されないであろう。また、人権侵害に当たるような深刻な問題がある場合には、人権擁護委員会等の公的機関の判定を求めるべきである。

そしてこうした問題は、⑤の代表権に関する論拠にもかかわっていく。地域組織の意思を表明することができるためには、その地域社会を構成する人びとが意思決定に参加する住民自治が機能していることが必要である。権限を委任されていない人びとで決めても、それは地域の意思とみなされない。また、権限をもつ役員で決めることができる場合も、構成員の意向を適切に反映するものでないかぎり、批判がでてきて、場合によっては役員不信任にいたる可能性がある。いわゆる迷惑施設や、公害などが心配される工場や商業施設を地区内に建設したいという行政や企業からの要請に対して町内会の役員が了承したあとになって、一部の住民から批判と撤回要求が出される場合もある。

これらの問題は自治体の場合にも同様であるが、自治体では首長および議会議員が、法律にもとづく選挙で公平に選ばれ、法令にもとづいて、公共的な事務として業務を執行することが住民から委託されている。しかし、最近の選挙では、その投票率はひどい場合には二〜三割程度であることも決してまれではないし、また、少数意見を尊重することは民主主義のイロハであるが、「多数の横暴」との非難を受ける議会運営の事例があとをたたないことも周知のところである。それだけに議会による決定のまえに、住民投票という直接民主主義による住民参加の手法がとられることがあるが、こうした配慮は町内会の場合にも必要であることはいうまでもない。

こうして、町内会の自治を論ずる場合にも、地方自治と同じく、団体自治と住民自治という二つの側面があることがわかる。以下にあらためてこの二つの側面と、両者の関係について考えてみよう。

2 町内会の団体自治

構成員がお互いに他者に配慮し、協力しあって安全・快適に過ごすことが望まれる地域社会においては、考えが違い、意見が取り上げられないから参加しないという対応は、地域での意見のとりまとめ（住民合意）を放棄することであり、結果として意に反する決定をフリーパスで認めるか、ある場合には、行政に決定をゆだねることである。両論併記型の意見のとりまとめでも、結果としては行政の決定にゆだねる点で同一である。地域での合意形成を否定する市民主義が行政に対しては親和的であることはよく指摘されることであるが、町内会のような狭域規模での自治組織は不要と考えるのでなければ、地域で議論しながら共通の目標を掲げて努力し、地域でできないことについては行政への要求をまとめ、その解決をはかることは意味のあることである。その際、対外的に町内会の自律した意思を表明する団体自治は不可欠である。この意思の決定の仕方については、会長や役員会への一任あるいは全員による多数決とさまざまでありえようが、町内会としての意思決定がなければ団体自治はなりたたない。また、団体としての意思の表明なしには住民自治もそれを発揮する場を失うことになる。これが⑤の地域代表性を実効のあるものにするかどうかの核心をなす問題である。

3　団体自治と住民自治

すでに触れたように、町内会の実際の運営で、会長等の意見や行為が組織代表としての実体をもつかどうかという疑念はよく聞くところである。会議が会長や声の大きい会員の発言に引っ張られて進行するケースは少なくないが、採決で決するより全会一致を重視する会の運営では、ある決定が住民の多数の意思と異なると訴えることはむつかしいのが実態である。したがって、ある決定が住民の総意ではないと問いただすことはそんなに多くは起きていないが、訴訟事件になるケースも見られるようになっている。

政治や宗教（ないし宗教類似の）行事に関わる事業の実施やそれに関わる支出をめぐる問題、地区内の道路の一方通行化や団地の中庭を駐車場に転用するといった問題、あるいは特定地区にのみ偏在して発生する公害被害のような、環境社会学でいう「受益圏」「受苦圏」のズレからくる対立をはらむ生活問題など、解決が困難なものが少なくない。事情がわかり合える狭域生活圏での問題ではあるが、それだけに、個々人の利害がぶつかりあって解決の道が見つけにくいともいえる。土地問題については行政が関与しても同じ問題が起こるであろう。

こうした問題の解決は最終的には法的対処にまつしかないとしても、生活者である住民が率直な議論をすることを基本として解決の道を見出すことができるとすれば、いっそう望ましい、それができる力量を住民と町内会が共有することが期待される。こうした問題は一定地域内での共同生活から生ずる一般的な問題であり、さまざまな工夫でお互いの理解をえてすすめることが望ましい。それだけに、最後には多数決という手続きも含めて、近隣民主主義の成熟を図っていくことが課題である。住宅地のゴミ置き場が固定されていることで特定世帯に被害が集中しているのでこれを輪番にしたいという、当該被害世帯からの提案を拒否した住民を訴えた裁判で、最高裁が、被害住民からの負担の公平化の提案を拒否した住民に、その場所へのゴミ出しを禁止する判決を下した（一九九七年四月）ことは、地域の快適な生活の維持については、住民全体が協力すべきことを示したものとして注目される。

土地の売買といった、近代社会では私的所有権にかかわる問題についても、以前には地域の意思が関与して地域外のものには売却しないようにする慣行があったことが知られているが、そうした発想は、現代あらためて都市計画の思想として、地域の土地問題について共同の関与、共同の管理（コモンズ）の方向が展望されるようになってきている。地域生活についての住民全体の快適さの追求と、これを支援する行政の施策やまちづくり条例策定などにみるように、町内会に地域住民の総意が何であるかを問うことも増えてこよう。欧米の住民組織の活躍する最大のテーマが、当該地区に係る都市計画の実施や変更についての民意の表明であることが思い出される（中田編著『世界の住民組織』前掲、参照）。この過程で、地域代表性が、その真価を問われるのである。

4　町内会の代表性と全世帯加入性

このように、町内会は住民（および地域）を代表できる組織である。ここで町内会の特徴の①の地域区画性の意味が明らかとなる。

しかし、地域に基盤をおかない問題は数多くあるので、これらについては各関係団体が意思を表明し、目標の実現を図ることは当然である。これについては、有志の個人からなる任意団体が目的ごとに集まって取り組めばよいことである。

さらに、こうした、いうなれば問題別の組織と町内会のような地縁組織との中間に、地域を基盤とするが、年齢や性別など特定の属性にもとづいて構成される組織（子ども会、老人会、女性会など）、あるいは地域にたいして特定の役割を果たすことが期待される専門的、職業的組織（消防団、商店街発展会、観光協会など）などがある。これらは特定の領域の問題について地域の意思を表明し、それにもとづいて実践することが期待されており、地域全体のことについての発言が求められているわけではない。これらの組織と町内会との関係については、第8章で扱うことにする。

こうした地縁組織に対して、任意団体は、いくら規模が大きくても、またいくつ集まっても、地域の意思を代表できる組織とはみられない。この違いの核心をなすのが、全世帯加入性であった。いまでこそ個人の自由を奪うという視角から論ぜられることのある全世帯加入性であるが、この組織がすべての住民に開放されるようになったのは、歴史的には大正時代以降であり、全世帯加入は市民平等の意識の高まりから実現されてきた原理なのである。

新たな市民像の構築

町内と町内会とは区別されたり同一視されたりしているが、町内会非加入者の出現で、ある町内に居住することによる町内構成員とそこでの町内会加入者とが一致しないことが生じている。自治体についても居住地に住民票を移さなければ住民としての権利や便益が受けられないことになるが、町内会についても、同様なことが起きる可能性がある。現に広報等の配布を町内会に委託している市町村では、町内会に加入していない世帯には広報が配布されないとか、災害時の情報の伝達ができないといった問題も起きている。公職選挙の低投票率の問題も同様であるが、公共の問題への無関心、高齢化、さらには生活の不安定や困窮という現代社会の問題が、地縁組織の前に立ちはだかっている。

　しかし、加入率しだいでは、町内会の地域代表の正統性が問われることも起こりかねない。現に町内会が分裂してしまったような場合には、どちらの組織もその意思を地域の意思とは認められなくなる。もっとも欧米、たとえばフランスの住区住民組織が、任意の個人加入制をとりながら行政にたいして代表性を主張し、行政もこれを承認している理由は、それ自体はＮＰＯ型の組織であっても、地域の公益実現に献身する組織であるとともに、つねに住民に呼びかけ、全住民の意見をきく努力をしていることが評価されてのことである。全世帯加入の原理に安住するのではなく、組織の空洞化がすすんでいないかをつねにチェックし、住民全体の意思を代表するという役割の実現に努めなければならない。

　町内会の非加入者は地域合意形成に参加する権利を放棄することになるが、同時に会費や清掃等の作業負担を回避し、会員の負担におんぶするフリーライダー（ただ乗り）となる問題が生ずる。そこで非加入者の加入促進の努力が各地で行われることになる。負担の不公平をなくすために加入の強制を期待する声もなくはないが、この問題では、むしろ戦後に欠けていた国民のコミュニティ教育の建て直しの問題として受け止めなければならないであろう。

　こうした現代の新たな市民像の構築も、町内会に期待されているのではなかろうか。

第4章　地域での共同の暮らしの組織——機能の包括性の意味

1　NHK「ご近所の底力」にみる地域活動の特徴

二〇〇三年から二〇一〇年にかけて断続的に放映されたNHK総合テレビの番組「難問解決！　ご近所の底力」は、まちづくりに関心をもつ人びとのあいだでは大変話題となった。地域に発生しているさまざまな問題について、困った地域の住民が、各地の先進事例や専門家の助言に学びながら議論を深め、みずからの目標を定めて取り組む過程を追うもので、後にはその結果についての追跡調査があり、成果を収めたものは表彰されるといった内容である。

取り上げられた問題は、それこそどこでも起こりうる、あるいは今起こっているもので、たとえば生活道路への通過車両の進入防止、自転車の交通安全、引ったくりや侵入盗、詐欺商法被害の防止、ゴミ・落書き対策、独居老人への声掛け、ペット問題、外国人との共生など、さまざまなものが取り上げられた。番組では、スタジオに「お困りご近所」のかたがたが集まって、はじめは問題の現状を出して整理し、それにたいして先進事例の紹介があり、こうして解決できたということで対策が提案される。まず、この解決案に賛成して取り組んでみたいかどうかが司会の堀尾キャスターから問いかけられる。それにたいして、「できそうだから、自分たちのまちでもやってみたい」という賛成の意見もでるが、全員が賛成するケースはほとんどなく、「そんなことをいってもうちの地区ではできない」などと躊躇してしまう人が何人かは出てくる。しかし、仲間内で「やってみよう」と希望をもって発言する人がふえてくると、渋っていた住民も次第にその気になり、多くの場合、最後にはやろうということでまとまっていく。番組では、数日後には解決に動きだす住民の姿が紹介され、ついにはこれらをじつに見事に解決してみせてくれる。

成功のカギは、問題の原因や背景の研究と解明、利用できる制度の検討、その上でのちょっとした技術的な工夫と住民の協力である。技術的な面では、地域に住む各種の専門家である大工さんや電気屋さんなどの貢献が大きく、住民の協力の拡大の点では、やる気のある人が先頭にたって行動しながら住民協力の輪を広げていく、その熱意と行動力がすべてである。

そこにみられる問題解決のためのポイントは、たとえば花を飾ることが住民の視線をその場に集めることになり、そうした人の目が犯罪やゴミ放棄の防止につながり、あるいは家の前の掃除や犬の散歩を小学生の登下校時にあわせることで子どもたちを魔の手から守るというように、問題についての直接的な対応だけでなく、生活がもつ複合的な機能をじつに見事につなぎあわせることで、結果として無理なく所期の目的を達成していくところにある。地域の活動というものは、多様な住民がおりなす地域生活の複合性に基礎をおいている。町内会の機能の包括性も、そのような住民生活の多面性をふまえて可能になるものといえよう。

地域の安全性に寄与する町内会

近年、アメリカの政治学者ロバート・D・パットナムの社会関係資本に関する研究（R・D・パットナム『孤独なボウリング』二〇〇〇年、柴内康文訳、二〇〇六年、柏書房、他）が注目されている。アメリカでは従来、チーム競技であったボウリングが、最近はひとりで楽しむ遊びになっているというのが、この書名の意味である。アメリカ社会では、建国以来、アソシエーションと呼ばれる多様な市民団体がつくられて活発に活動してきたことが特徴とされてきた。そのアメリカでいま、市民団体の数が減るだけでなく、そこに加入する人の数も減少をつづけており、それがアメリカ民主主義の危機を招くことになっているのではないかと警告しているのである。

わが国でも、集団競技として高齢者のなかで人気のあったゲートボールが下火になり、それに代わって、手足の動かし方はゲートボールとほぼ同じであるが個人で行うパターゴルフの人気が高まっているというが、同じ傾向といえるであろう。パットナムによる膨大な検証データの分析結果によれば、互酬的な市民団体が社会を健全なものとして支えているのであり、社会関係資本が豊かな地域（州）とそうでない地域とくらべると、その違いがよく現れる。これが豊かな地域では、たとえば教育の領域でみると、犯罪やドラッグに染まる率が低い、十代で親になる率が低い、学校の中退、自殺が少ない、子どものテレビ視聴時間が短い、最悪条件の親から子どもを守る楯となっているなどの結果が出ており、これらの事柄は、その一つだけでも解決しようとして取り組んでも大変なものなのに、地域の人びとの社会関係が豊かにあることで、全体として多面的によい結果を生み出しているのである。社会関係をもつということは、アメリカではたとえば教会に所属し、礼拝や会合にちゃんと参加するといったような、それがさしあたり目的とする事柄で役割を果たすだけでなく、人間と社会の安定と成熟に多面的にプラスの影響を与えているというのである。

以上の文脈からすれば、これまで世界的に注目されてきたわが国の地域の安全性の高さは、地域に密着した交番の存在や住民の防犯活動が成功したというだけでなく、地域にくまなく組織された町内会の存在とそこで日常的な住民の交流があったことが大きかったといってもよいであろう。

行政とパートナーシップを組める

「ご近所の底力」で興味深いもう一つの点は、行政や警察との関係である。

問題にぶつかると、多くの場合、住民はまず行政や警察に支援を求める。そして、たとえば、ある時間帯は、生活道路に通過車両が進入しないように規制してほしいという一部住民の訴えは、同類の問題が他の地区にもある場合には、行政や警察は、特定の地域だけに対応するわけにはいかないと住民を突き放す。しかし、住民が本気になって問題に取り組み始めると、この時点ではその地域固有の事情がでてきて、行政や警察も住民に助言や支援ができるようになる。これが受身の住民像に対比される、行政とパートナーシップを組める住民像といえるものであろう。

これらの取り組みが町内会としてのものか住民有志のものか、番組のなかではははっきりしないときもあったが、多くは町内会の役員や集合住宅の管理組合での取り組みと推測できるものであった。各地の成功例の情報を集め、自分の地域の事情とつき合せて生活の知恵を出し合い実践して成果をあげながら、同時に、これまであまり付き合いのなかった住民のあいだで楽しい交流と信頼関係が広がるというパターンが、各地で繰り広げられている様子をうかがうことができた。

2　町内会が担う機能の複合性・包括性

人間が地域で生きていくためにぶつかる身の回りの切実な地域問題を住民共同の力で解決していくところは、まさに「ご近所の底力」である。多くの場合、取り上げられる課題は、たとえば子どもや高齢者の安全のように、直接に考慮の対象となる人びとは一部であっても、結果としては町内全体の状況の改善、とりわけ住民相互の交流の発展につながっていく。それは地域が多様な住民の生活の場であり、そこでの社会関係でつながった人びとの共同生活の場であることによっている。町内には、昼間留守にしている人もいれば一日中を地域内で過ごしている人もおり、動物の好きな人もいれば嫌いな人もいる。これらの人びとが、興味関心を同じくする人たちだけで集まって対応を考えると、かえって地域内でのグループ間の対立をまねきかねない。そのうえ、このグループ間の調整は自分たちでできないとすれば、第三者機関としての行政や裁判所に頼るほかないことになる。

このように住民層が多様化していることを根拠に、町内会が機能することは困難になっているとして、町内会を否定する議論もみられるが、むしろ町内会の機能の複合性がこの組織を意味のあるものにしているのである。多様性を認め合い、しかし共通の利害については協力しあえる組織であることが重要である。たとえば、子どもや高齢者の安全のために生活道路を一方通行にしたいという希望と、それが商売上の利便と競合するといったように、住民のあいだでも、場合によっては同じ個人の中でもときとして利害が相反することもある。それだけに地域生活では、利害の調整が欠かせない。それには、地域の実情についての調査と相互の理解が重要な前提である。何もしなければ地域のことはわからない。目標をもって動きはじめると、地域の様子もよくわかり、同じ関心をもつ仲間もみつかって、改善につながっていくことは、番組にみられたとおりである。

こうして町内会が担う機能は、あらかじめ限定される性格のものでなく、その包括性にこそ特徴があるのではないかと思われる。いいかえれば、一つひとつの活動、たとえば地区内の清掃は、町内美化という独自の機能をもつだけでなく、地域の危険場所やゴミがすてられやすい場所の発見、体を動かす機会をつくる健康維持への貢献、そしてとりわけ日ごろ疎遠になりがちな近隣の人びととの交流の場の提供などとして、多面的な意味をもつのである。近年、防犯の意味であらためて注目されてきているあいさつ運動なども、あまり道徳的な目的が強調されると敬遠されてしまうが、それが地域での交流の第一歩として他の活動に広がっていく総合的かつ根源的な意味をもつことが理解できれば、地域活動の出発点として、重要な活動と位置づけることができるであろう。

3　町内会はどんな問題を取り上げるか

社会問題はあらかじめ問題があるのでなく、あることを問題だと感ずる人がおり、さらにそう感ずる人が社会的に無視できない力になったときに、はじめて「問題」となる。「この町内にはどんな問題がありますか」という問いに「特にはありません」という答が返ってくることがあるが、多くの場合、それは問題がないのでなく、言ってみても何ともならないとあきらめているか、同じことではあるが、問題に直面した個人が解決すべきことと思い込んでいて、町内会の問題とは意識されていないことによるのである。

先の番組「ご近所の底力」でも、空き巣の被害が頻発しているマンションで、その情報がマンション内でお互いにまったく知られておらず、どの被害家族も、それを自分の家庭の問題としてしか意識していないといった例もあった。ところがこの被害の実態が明らかになり、そのマンションが空き巣に狙われやすい条件をもっていることを専門家から指摘されると、それが「地域の問題」であることに気づかされる。そこで地域の問題として協力して対応しようということになる。

このように、多くの問題が個人の問題やグチ話として終わり、町内会の「問題」としては意識されず、取り上げられないままとなっていることが多いのではないか。「ご近所の底力」で取り上げられた問題も、落書きが多くてみっともないとか、野良猫に悩まされるとか、あるいは口に出したくもない詐欺商法に引っかかってひどい目にあったとか、何号棟で孤独死の人がみつかったがかわいそうだといった、もとはといえばグチ話や同情話程度のものも少なくなかったと思われる。また、カギっ子対策として定着してきた学童保育も、いまそれを必要としている親の組織とみれば目的別の任意組織であるが、これを必要とする住民がこの地域にはつねに存在し、そういう世帯の子どもを地域としても見守る必要があると判断してこれを設置すれば、それは地域の施設として位置づけられることになる。これらの課題を地域の問題として構築していく過程では、住民の想像力やリーダーシップが問われるところがあるが、そうした想像力やリーダーシップが何ほどかあれば、地域には取り組むべき多くの問題が山積していることがみえてくるであろう。

地域での問題は相互につながっていることからすれば、どんな問題を取り上げても地域にとっては関心事となるといってもよい。当然、多様な問題が取り上げられることになるし、それが別のテーマに展開していくことも起こる。こうして、単発の問題としてではなく複合化されるほど多くの住民がかかわりうるものとして広がっていく。また、一つの事業がいくつもの目的（機能）をもって企画されることも当然である。町内会の機能の包括性は、住民の地域生活の総合性、包括性に由来するものであり、あらかじめ限定できる性格のものではないことを知るのである。

町内会と有志団体との違い

しかし同時に、注意しておかなければならないのは、問題によっては、住民のあいだで利害の一致できないものもあることである。これまでの町内会への批判の一つの焦点が、こうした問題があることへの町内会の無関心、あるいは昔からやっているということで住民層の変化に鈍感すぎることに向けられてきたことも確かであった。そうした問題としてあげられるのが、特定の政治的党派や宗教宗派を支持したりこれを攻撃したりすることであり、また、特定の業者と恣意的に結びつく活動である。選挙における地区推薦も、議員の役割が地区利害の代弁から自治体全体の政策立案に変わっていけば地区代表の意味は薄れていくであろうが、こうしたことが個人の思想・信条の自由を軽視する行為であるという自覚がないことが、むしろ深刻な問題であろう。伝統的な氏神様の祭礼や関西の地蔵盆のような行事を町内会が行うことについては、単純に宗教行事とすることには微妙な点もあるが、地域の行事として文化的にも貴重なものでもあるので、可能なかぎり組織的にも財政的にも区分しつつも存続できる方策をあみだすことが望まれる。

いずれにせよ、基本的人権として保障された個人の思想信条に関わる問題に立ち入ることは、町内会が全世帯加入制を理念とするかぎり、許されないし、むしろその存立の基盤を掘りくずすことになることを理解すべきである。

もちろん、それは市民個人としてこうした活動を行うことを否定するものではなく、これこそ目的、関心を同じくする有志団体で行うべき活動であり、町内会と任意団体という二つの組織の性質の違いをよくわきまえておく必要があるということである。また、町内会が行う活動の一部をＮＰＯなどと分担しあうことも始まっているが、それは全体の活動を総合するコーディネーターとしての町内会の役割を浮上させることになるであろう。

第5章　町内会と自治体行政との関係

1　町内会の形成過程と行政との関係

町内会の歴史をどこから始めるかにはいくつかの議論があるが、大きく分ければ、行政上の何らかの全国的な制度の設立、たとえば江戸時代の五人組に根拠を求めるものと、地域での住民の生活共同のための自生的組織（自然村《しぜんそん》）に起源をみるものとになるであろう。そしてまさにここに、町内会という組織をどうみるかの、大きな分岐点が潜んでいる。しかも、何を起源とみるか自体に、すでに町内会の性格をどう理解しているかが映しだされているのである。

前者の視点からは、町内会は国家や行政の指示によってつくられ、したがって国家や行政の機能の一端を担わされた、住民を統制ないし管理する組織と位置づけられることになる。これにたいし後者の視点では、たとえ行政の下請け的な役割を果たすべく利用されている部分があるときでも、町内会の基礎には、住民の必要にもとづく共同の関係があることをふまえている。

行政権力が住民を支配するために上から組織を作るときも、まったく白紙のところで成功することは困難であり、既存の組織や関係を利用することは普通である。このことは行政機構としての地方公共団体の編成についても同じことで、明治維新政府が、旧藩の伝統的な地域権力構造の影響をたち切って新たな地域支配機構をつくろうとして実施した大区小区制（一八七二［明治五］年）が結局失敗し、地域生活に基盤をもつ従来の郡区町村制にもどされた（一八七八［明治一一］年）ことに、その事例をみることができる。

戦前の地域組織

わが国の近代的な地方制度は、一八八九（明治二二）年に施行された法律「市制・町村制」によって確立されたが、そのときには、伝統的な自然村を集めて行政村を編成する方式がとられ、明治期以後も、この方式がくりかえされてきた。新たな広域的行政組織ができると、そこに包含された公共団体はその地位を失うが、その地域の住民の共同事業を運営する機構を必要とするかぎり、それらは名称、構成等を変えながら、その地域をまとめる住民自治組織として存続するのがふつうであった。

市制・町村制法の施行以前に七万余あった町村は、合併により一万五〇〇〇にまで減少した。以後、一九五三～五五年にわたる昭和の大合併、そして今回の平成の大合併まで合併は繰り返され、二〇一六年四月の市区町村数は一七一八にまで減少した。それは逆にいえば市町村規模

（特に面積規模）の拡大を意味する。編入された地区からみれば役場までの距離が遠くならざるをえなかった。それが地域の存立に支障をきたすとなれば何らかの対応をとらざるをえない。こうして制度化されたのが、明治期の市制・町村制法下で行政市町村の内部に置かれた「行政区」制度であり、平成の合併に際して地方自治法に導入された「地域自治区」の制度（この制度については第14章を参照）であった。なお、昭和の合併では、狭域への制度的措置はなされなかった。

この間、都市部では、町組や町総代などの制度がおかれ、小学校区などを単位として、多様な住民の地域組織が維持され、行政との関係をもちつづけてきた。第二次大戦後の新興団地の自治会などは別として、戦前来の歴史をもつ町内会には、これらを基礎とするものが多い。そこには規約などが整備されていなかったり、地主層の系譜に立つ地域の名望家が当然のこととして取り仕切るなど、組織としては未熟であったとしても、狭域地区ごとの生活環境条件は多様であることから、行政と住民との間に、何らかの住民組織が地域の利害に関わる主体として維持されてきたと考えられる。いいかえれば、合併が生み出した新市町村が、地域の公共的ないし共同的活動を完全にカバーできればよいが、財政の効率化を目的とする合併であるかぎり、そのようなことは望むべくもなく、こうして、各地域の諸課題を解決していく必要から、従前の公共組織に準じた住民組織を維持存続させていくことになる。地域の区画や、必要な生活課題に多様に対応するなどの町内会の活動は、前身の公共団体の機能の一部を踏襲するものであった。町内会が行政末端に位置づけられ、その業務の一部を補完することは、町内会のこうした歴史を反映するものであり、また、他の団体とは異なる町内会に固有な特徴をなしている。

こうした性格をもつ組織だけに、国家が国民を草の根で掌握しようとするとき、公共団体に準じた有力な基盤を提供することになるのは避けられなかった。戦争体制の強化のなかで、政府は一九四〇（昭和一五）年九月一一日、内務省訓令第一七号を発して、当時は名称、規模などでさまざまであった地域組織を「隣保団結ノ精神」をテコに「万民翼賛ノ本旨ニ則リ地方共同ノ任務ヲ遂行セシムル」ことを目的に、町内会、部落会として全国的に整備することにした。これにより、市町村の資格を失い、住民の自主的組織となっていた町内会は「国策万般ノ円滑ナル運用」に利用される組織となり、訓令後に出された内務大臣通牒によれば「市町村ノ補助的下部組織トシテ……必要ナル任務ヲ遂行」するものとなった。さらに一九四三（昭和一八）年には、市制・町村制法の改正によって市町村の補助機関として法律上に位置づけられ、国家総動員体制の公的な末端戦争協力組織となった。それ以後、町内会や隣組は、全世帯を構成員とする「常会」を軸に、政府が指示する事項について協議し、供出、配給、防空など、生活に密着した各種の事項を遂行する組織として利用されていった。しかし、厳しい耐乏生活を強いられているだけに、町内会から行政に対する厳しい要望や提案が出されていたことを見落としてはならない。また、戦局が厳しくなり、地域生活を支える住民の余裕もなくなるとともに、常会も形骸化していくことになった（『愛知県史資料編近代33　社会・社会運動２』愛知県、二〇〇七年、にいくつかの史料が紹介されている)。町内会から出される切実な要望も、最後は戦争遂行という名目で押し切られていかざるをえなかった。

戦後も消滅しなかった町内会

戦後になると、占領軍は町内会を戦争協力組織と認定して、一九四七(昭和二二)年五月三日にこれを禁止(ポツダム政令第一五号)し、その同日の地方自治法の成立で、行政上の位置づけもなくなった。しかし、地域においては、禁止令下でも町内会は名称を変えた程度で消滅せず、組織の実態としてもほとんど変化を示さなかったようである。講和条約締結後の一九五二年にこの禁止令は失効するが、その後も、多くの自治体は町内会を住民の自主的組織と位置づけながら、実際には、行政末端事務を委託し、助成金を交付し、当該地域の住民を代表する組織として遇してきた。このことは、町内会はたんに行政の意思のみで存否を決めることができるものではないことを明らかにしている。こうして町内会は消滅しなかっただけでなく、戦後の新興住宅地でも、新たな組織が続々と設立されていくことになった。なお、内務省訓令第一七号、ポツダム政令第一五号は、東海自治体問題研究所編『町内会・自治会の新展開』自治体研究社、一九九六年の資料編に収録してあるので参照されたい。

2　町内会が行政とともに地域生活の共同事務を担う意味

第二次大戦後の占領軍による町内会禁止令の失効後、この組織はきわめてあいまいな、中途半端な状況におかれてきた。法的には何の規定もされていないことは上述のとおりであるが、地域にくまなく組織されていることで、行政にとっては地域に対する働きかけのさまざまな局面で、この組織を利用し、また町内会は、行政との強いつながりを利用して、地域に対する行政施策を要求し、その実施を働きかけ、また各種の補助金を受けてきた。

こうした実態をふまえて、町内会を行政末端組織と表現する議論は多い。この表現の含意は基本的に否定的、批判的であるが、あまりよく吟味されずに慣用的に使われているふしがある。またそのニュアンスは必ずしも一様ではない。

もっとも否定的な場合には、第二次大戦中に町内会が担わされた役割を例として、町内会は行政末端を担うものとして行政によって位置づけられた組織であり、そのような組織はそもそも住民自治に反する組織であるとして、その解体を主張する。そこには支配する行政と、それに従属して下働きをさせられる町内会という構図がみてとれる。この主張のもとでは、町内会のなかで具体的にはどんな仕事が行われているのか、そして住民の希望や主体性がどうなっているかについては、ほとんど関心がない。行政は支配するもので、住民組織は行政に利用されるだけであり、本来行政が行うべき仕事が住民に押しつけられているという認識である。この「本来行政が行うべき仕事」とは何かは、論者によって異なっていたりする点からも明確なものではないと思われるが、行政と住民が担うべき役割の境界についてはあまり検討されてはこなかった。

“行政末端”という性格

町内会は行政との関係では、その成立の経緯からも、ただちに対等性をもつものでないことは明らかであろう。しかし、地域での課題解決については、行政と町内会とが協力して取り組むことができる。この事実が、今日のパートナーシップ論の前提をなしている。それは財政危機によって行政では実施できなくなっているから民間で担うというようなものではない。町内会が、住民の生活や意思とは無関係に上から組織されたものとみれば、その不要論、否定論にいきつくのは当然のことであるが、生活の場で必要となる共同事務をどのように共同管理していくかという点では、町内会と行政とは連続する面があり、それをどのように工夫しながら担いきるかに、住民の自治の力量をみることができる。

その対極には、町内会の役割は行政に協力することであると考える人びとがいる。とくに行政職員のように、行政の側から町内会をみていると、町内会は行政にどのように利用できるかの面に主要な関心があり、町内会の役員の意向に目が向いて、町内会の活動全般を発展させていこうという視点が弱くなりがちである。町内会の側でも、こうした役割をもつことで行政からさまざまな便宜や特権を与えられることを知っている。地域諸団体のなかで町内会のみが公共的団体とされ、特別な処遇（役員の特別職地方公務員扱いや、報償費や助成金の交付、役員に対する勤続表彰等）を受けることを当然とする発想がある。

その中間に、行政末端として行う活動については是々非々の態度をとりながらも、行政からの要請が過大であることについては批判しながら、可能な限り行政に協力する方針を採るものがある。これは町内会の役員に多いものであろう。よくみられる行政末端業務は、自治体広報紙の配布、行政が主催する会合や行事（たとえば、防火防災訓練、交通安全指導、ゴミ分別指導、講演会や研修会）への出席動員、各種調査、募金への協力などである。事業の趣旨、内容についてはその必要性を理解しつつも、その頻度、求められる人数や金額に負担感をもつことはよく経験されていることである。現実には、行政から委託される業務を機械的に処理するところ、あるいは必要があればその町内の実態に応じて組み替え、あるいは取捨選択して実施するところなど、多様な対応がみられる。こういう立場に立つ人びとは、行政末端の業務を担っているということで町内会の自主性がすべて否定されているとも、あるいはそのために町内会独自の判断による事業ができないとも考えない。地域を対象とする活動は住民と行政との共同事業であることは、町内美化、交通安全、防火防災、さらには近年の孤独死の防止など、どの事例をとっても明らかなことである。

他方で、多くの自治体で、年度始めに町内会長等に行政施策を説明し、理解と協力を求めることが行われ、地域からの要望を聞くことも行われている。また、町内会長が随時役場を訪れて行政の担当者に要望をつたえ、あるいは施策に苦情や変更を申し立てることは、日常的にみられることである。行政末端ということばから、町内会の主体性がすべて否定されていると思ってしまうのは、短絡的である。

3　地域組織と行政との協働

しかし同時に、町内会と行政との関係をパートナーシップの時代にふさわしいものに変えていくことも必要となっている。「小さい政府」論が強まり、指定管理者制度の導入などもあって、地域に対する行政サービスを一方的に切り下げていくことが懸念される事態も起きている。生活保護行政について国の後退をめぐる地方との対立、そのなかで民生委員が関与できる役割の低下がすすんでいる。それは生活にゆきづまった人びとを孤独死やホームレスに追いやり、さらには刑務所に滞留させることになるのではないか。そして、そのツケを町内会にもってこられても、町内会でも対応できないであろう。町内会だけでできることには限界があり、それを超えると町内会自体が解体してしまう恐れもある。そうした危機的状況に陥ることを予防するための問題解決であり、そのためにこそ、町内会とＮＰＯを含む住民組織と行政との協働が期待されるのである。

タテ割り行政が地域につくりあげた各部局別の行政協力委員により、問題ごとに対処していく方式では充分機能できないことは、民生委員でもゴミ問題担当や防火防犯委員でもすでに明らかになってきているのではないか。逆に、一つの問題での住民のネットワークや交流が、別の問題への対処の基盤づくりになることは、社会関係資本が注目したところである。地域でも一定の専門化は不可欠であるが、それを生活の総合性にあわせて連携させ、再統合する仕組みが必要である。

行政による町内会の支援も、タテ割り行政の各部局から一律に補助していくという仕組みから、地域課題に応じて地域独自の活動に取り組めるように包括的な交付金制度に切りかえたり、より競争的な政策を採用する方向への転換が試みられてきている（第14章参照）。そのなかでは、自治基本条例などを根拠として地域共同の事業に町内会が自主的、能動的に取り組みやすいように、行政の仕組みを組み立て直すことが重要である。そうでなければ住民からの本当の参加や協力がえられないからである。

第6章　地域生活の変化と住民組織の主体性

1　生活の高度化と広域化――専門処理と相互扶助

わが国のコミュニティ政策の推進に積極的に発言してこられた都市社会学者の倉沢進は、地域社会において地域問題が処理・解決される仕方を理論的、歴史的にとらえる枠組みを示すのに、専門処理と相互扶助をキー概念として採用する。それは、現代までの地域の状況の変化を説明するマクロ理論を提供するとともに、町内会についてもそれによる機能の変化を説明し、新たなコミュニティ形成の枠組みを提示するものとなっている。社会的分業が未成熟で、地域の問題は地域住民が協力して解決するという相互扶助型の問題処理が中心だった時代から、社会の規模拡大と技術的進歩の結果として分業が飛躍的に拡大し、より専門的あるいは公共的な問題処理が求められるようになった。

こうして行政、企業等が市民生活の多様な機能の中心的な担い手となるにつれて、相互扶助の担い手であった町内会等は、行政にたいして要望・要求を出すだけの圧力団体ないし行政末端事務の補完団体になっていったと、倉沢はいう。確かに、とくに都市生活において、専門処理である共同消費の比率が高まり、技術的効率性追求の観点から、広域的供給＝利用の要請が強まったことは否定できない事実である。こうして多くの研究者や実践家がこの説に賛同し、その結果として、町内会の互助的機能の縮小ないし喪失を確認することになった。

この理論の特徴は、地域問題解決＝処理の担い手が専門処理機関（中心は行政）に移行していくことから、地域住民組織は能動的な主体性の基盤を失い、行政に依存して消極的ないし周辺的な活動しかできない組織となっていくことを導き出す点にある。しかし他方で、コミュニティの枠組みの考察と展望に当たっては、倉沢は専門処理システムと相互扶助システムとの役割分担と協力関係の再構築（『コミュニティ論』放送大学教育協会、一九九八年）を提案している。この提案自体に異論はない。しかし、専門処理システムがなお強化されているいま、歴史的な経緯として衰微してきた相互扶助システムが、なぜ再建できるのか、その歴史的、理論的根拠は何かが明らかではない。確かに財政的な危機から、住民の自助的活動への期待は高まっている。しかし、住民の主体的受け止めがないかぎり、それは行政末端事務の下請けか要求団体化するという現行のシステムを再現する意味しかないのではなかろうか。いま、相互扶助システムが再構築できる論拠はどこに見出しうるのであろうか。

2　地域生活主体の根拠――地域共同管理の必要性

問題は、氏の専門処理システム論が、地域構造の説明理論ではあっても地域主体論を欠いているということである。地域住民の生活が、分業化の大波にまきこまれてきたことは否定できないが、生活構造論が主張してきたように、地域生活はつねに何がしかの主体性をもって再構築され続けているのであり、また、地域共同管理論が主張するように、そこで進行している過程は、共同社会的消費手段の利用の拡大であって、テクノクラートの主体性にもとづく専門処理システムの拡大はその一面でしかなかったのである。地域住民は、必要な場合には、国家行政とも対峙してたたかう主体性をもっている（国道の交通公害による生活環境侵害にたいして改善を求めるなど）。また、住民は行政に対しては、より密接な関係のもとで生活充実のためのもろもろの施設や施策を要求し、必要な場合には道路、公園の清掃、コミュニティセンターの管理など、その管理運営にも協力してきたのである。

こうして、確かに専門処理システムに依存する生活が広がっているとしても、生活のさまざまなレベルにおいて、住民はそれを受け入れて自助や共助の関係の中に取り込み、調整し、さらにはそれらの利用をとおして改善にも取り組んでおり、生活者としての住民の主体性がまったくなくなっているわけではない。たとえば、ＩＴ技術の発展と普及については、地域で取り残されていく高齢者などを対象として地域のＮＰＯなどがパソコン教室などを開いて下支えし、また子育てや高齢者介護における専門処理システムへの依存が大きくなっていくなかで、これらシステムの有効性を維持し、負担が限界に達して機能しなくなる危険を防ぐための地域での対応をすすめるなど、地域生活の共通の基盤（インフラストラクチャーや地域空間）の共同利用が要請する地域管理や、行政と市場という専門処理システムの限界を補完する地域共同の取り組みなどを行っているのである。こうした地域での、主としてソフト面で発揮される地域管理における住民組織の主体性ないし主体形成の視点を見落とさないことが大切である（中田他編『地域共同管理の現在』東信堂、一九九八年）。市場と行政の果たす役割が大きいことは否定できないが、市場と行政だけで住民の生活が完結できるものではなく、住民と住民組織が果たす役割も大きいことを確認しておきたい。

行政や企業が組織をもって活動することはだれもが認めるのに、地域に関しては住民の自立が強調され、地域生活に組織が必要であることは十分理解されてこなかった。それはわが国の地域、とくに都市部において、土地私有権の強さに比して都市計画意識が弱かったことに対応していると思われる。地域という共有物・空間の共同管理（行政まで含めれば公共的管理）の手法である都市計画が必要であることは明らかであるが、開発優先の政策はなかなか見直されないでいる。それでも、共同生活空間の共同管理が不可欠であることは、たとえば集合分譲住宅においては区分所有者による管理組合の結成とそれによる共同管理が義務づけられているだけでなく、良好な管理によって住宅の資産価値が高まり、住民生活の安全と快適さが増すという事実をみても、このことの意味は明らかであろう。それは商店街の活性化でも、さらには一般の住宅地における生活環境の保全や改善の取り組みをみてもいえることである。

地域での共同生活が地域の共同管理という機能を要請し、それを担う組織を生み出し、主体性をもって地域の持続的発展を図るうえに地域組織の存在が欠かせない条件であることが了解できるであろう。

3　町内会と地域諸組織

この地域共同管理のための相互扶助システムを担うのが地域住民組織であり、とりわけ地域課題に総合的に関与する性格をもつ町内会である。この組織は対象とする生活手段の管理の必要に応じて多様であり、また広がりの面でも、広域の組織から狭域の組織まで重層的である。町内会は狭域的な地域でその一翼を担うものであるが、地域の生活手段の共同利用者の広域化に伴い管理組織も広域化して、一般に町内会よりも広域の組織であるコミュニティ（たとえば小学校区）に軸が動いていくことはあろう。しかし、これらの手段をより有効に使いこなしていくために、住民の共同が必要とされているのであり、これは専門処理システムが拡大していくことと背反関係に立つものではない。むしろ生活手段の共同消費化がすすむことが、住民の共同化を促していることに注目するのである。平時にはあまり意識されない主体性であるが、たとえば震災などによってその安定したシステムが乱れたときに、この主体性の日常的な有無、成熟度が試されるのである。

専門処理システムの優越により町内会が末端事務の補完機能しかもたないということになれば、町内会はそのような従属的な地位を脱して、構成員たる住民のためのもっと自由な組織になるのがよいという方向が示されるのは当然であろう。しかし、それは地域内に存在するさまざまな住民組織と同列の組織の一つに町内会をしてしまうことを意味するのではない。そこには、現在の町内会の運営に関わる問題点が色濃く影を落としている。

組織の本質の問題と運営の仕方にかかわる問題とは区別しなければならない。地域の共同管理の機能を総合的に担うためにある町内会を、個別機能（目的）の遂行をめざす他の地域諸組織と同列視することは、町内会の改革案とみえて実は町内会を否定する議論である。それは町内会の本質の換骨奪胎を主張することである。公共的レベルでの調整については行政組織が存在するように、狭域における地域利害の調整という自治的な地域共同管理の機能をもつ組織が必要であり、それゆえに町内会は存在するのである。町内会がそれに求められる機能を果たしていないならば、町内会を改革して真にその実をあげうるようにすることが必要であって、それを他の組織と同列に扱うことにするのは、狭域における地域共同管理とそのための住民自治を否定することにほかならない。

町内会の独自性

念のため、四つのことについて補足しておこう。第一は、町内会がこうした性格をもつということは、町内会がその他のさまざまな任意の地域組織の上に立つことを要求しているのではなく、また、それらの組織の価値を低くみることではまったくないということである。

任意の諸組織（これらは集団類型的にはアソシエーションと呼ばれる）はそれぞれの目的と機能をもち、地域生活にとって重要な役割を果たしている。現在、注目されているＮＰＯにしても、ある地域内の専門的問題処理主体として活動しているのであって、それが地域共同管理の一部を専門的に担っているといえるものである。しかし、部分的な機能を担うＮＰＯだけでは地域共同管理の機能を総合的に果たすことはできないのであり、その意味で町内会に代わることはできない。しかも現在の法律では、このような地域限定の目的では、ＮＰＯとしての「公益性」が認められない。また逆に、地域ぐるみでＮＰＯの認証を受ける事例も生まれているが、それは、福祉や緑化といった町内会の機能の一部を事業化するための手段としてであることが多い。しかし、このＮＰＯがまちづくりといった総合的な地域課題に取り組むとすれば、それは町内会の性格に近づくことになり、あとは名称だけの問題である。論点は、それがどんな機能を担うかであり、それにもとづく組織類型（コミュニティかアソシエーションか）の問題である。

第二は、地域共同管理は、関与する共同利用対象によって重層的に担われており、現在の町内会のみがその主体であるといっているわけではないということである。次章で述べるように、地域問題に広がりが見られる現在、従来の町内会のみで、さまざまな地域問題の調整や処理ができるわけではない。コミュニティづくりは、その一つの意味として、地域共同管理の範囲を町内会から小学校区に拡大させる面をもっていた。それがさらに広域となれば市町村という行政の区域になるし、それすらも不十分となれば、さらに広域の組織の仕事になる。そこでは区画を同じくするものがあれば当該行政機関と協働することもあるが、たとえば県境をまたぐ開発組織のように、地域の必要に応じて独自の区画の共同組織が結成されることもある。

第三は、近年の町内会加入率の低下もあって、地域内の各種団体を地域の共同管理の主体に組み込んで協議会を設立する動きが広がっていることである。もともと、地域内の住民が一緒に、あるいは手分けして取り組んできたことが、しだいに分化し、組織としても、地区社会福祉協議会とか交通安全推進協議会、子ども会などが相対的に独立した運営を行うようになり、これらが行政の部署ごとに行政協力組織として専門化、系列化され、地域での横のつながりが弱まる傾向を強めてきた。現在、各地で子ども会の解散・減少がすすんでいるが、少子化の時代にそれでいいのか、という問題があるはずである。これが「他の組織の問題」として放置されるまでに、地域内での組織のタテ割り化がすすんできた。こうした弱点の克服のためにも、協議会のような横の連携の強化は重要な方向であり、行政も、従来各団体に出してきた補助金を一括して協議会に交付し、地域の自治を強化する方向を取ろうとしている。しかし、この組織改革が行政によって画一的にすすめられると、地域によっては「屋上屋を架す」措置となり、形骸化することも起きている。また、協議会内の各団体は、町内会を含めて平等であることが強調されることがあるが、上記の一つめに記したように、各団体の組織原理や機能の違いがなくなるわけではないことは留意されるべき点である。

第四は、町内会の共同性をめぐる問題である。震災など、大きな災害があると、みんなで協力し、助け合うことは、洋の東西を問わず見られることで、R・ソルニットは、それを「災害ユートピア」(『災害ユートピア』高月園子訳、二〇一〇年、亜紀書房)と呼んでいる。しかし多くの場合、事前に準備していても、物資も人手も不足する状況が起きることは避けられない。したがって、災害に備えるための教訓として、さらなる共同を強調することになるのは当然のことであろう。しかし、東日本大震災後に一段と強まった、このような文脈での共同性や地域コミュニティ志向の主張に対しては、グローバル化の進む現代においては、地域での共同はもはや幻想でしかないという主張もある。もちろん、共同性の強化を主張するだけでは、現実の場面で真に有効な結果を生むことができるかどうかおぼつかない。考え得るあらゆる施策をできるだけ効率的に実現できるような仕組みを工夫し続けることが大切であることは確かである。しかし、地域の現場での共同の関係が現実の地域政策や地域活動のなかから生まれてくるものとすれば、その主張が古い「共助」に固執するものと批判するだけでは、展望は生まれないのではないか。意識されていない地域での共同の関係を含めて、新たな共同の契機をつかんで、それを拡大強化していくことが重要である。町内会は、地域内の、それぞれ個性をもつ個々の世帯や個人に基礎を置き、こうした構成であることを強みとする、優れて独自性をもつ組織なのである。

いずれにせよ、ある区域内の共同管理（問題処理）は、一定の主体性をもつ住民組織と行政、そして今後は企業をふくめたいくつかの主体による協働事業である。地域共同管理の主体としての町内会・コミュニティ、行政、企業は、制度化の差はあれ重層的に機能していて、相互に背反的なものではない。また、さらに小さな隣組も、日常的に生きて意味をもっているのである。地域生活者と関係する組織の主体性を協働して育成していくことが大切である。

第7章　地域課題の拡大とコミュニティづくり

1　コミュニティづくりの提起

　地域で共同生活を送ることから生ずる諸問題の調整と解決のために、地域共同管理組織が存在してきたし、いまも存在している。しかし、生活の諸機能の専門的処理の高度化、広域化のために、地域で住民が果たすべき役割が減少し、住民の地域への関心が薄れていくことは、都市型社会ではどこでもみられる現象である。わが国でもそれは例外ではない。それゆえに明治期以来、わが国の資本主義の急速な発展のなかで、伝統的な地域の連帯が崩壊することへの危惧が幾度となく叫ばれ、昭和恐慌期には、衰退する地域経済再生へのさまざまな対策がとられてきたところであった。

　戦後、高度経済成長がすすむと、農村から都市への大規模な人口流動が起こり、住民の地域ばなれの傾向はさらに顕著になった。近隣関係も質的な転機を迎え、団地生活の広がりとともにマイホーム主義が進行したことは周知のところである。そして、これを近代化、都市化の必然的な、そしてさらには進歩的な帰結として受け入れる風潮が強くあらわれた。住民の地域へのアイデンティティはうすれていき、地域での人間関係は、むしろわずらわしいものとして消滅していくことを当然視する向きもあった。そのなかで、過疎・過密への地域の二極分解が進行し、どちらの地域でも、地域生活の維持を危うくするような状況が生まれてきた。都市では生活環境の整備が追いつかず、その整備充実を要求し、また公害等に反対する住民運動が広がっていった。農村では、生活の基礎条件を満たせない集落があらわれ、農地や山林は手入れもされずに放棄され、人口の流出に拍車をかけた。

こうした動向への対策を探るため、一九六八年一月、政府は国民生活審議会に対して「経済社会の成長発展に伴い変化しつつある諸条件に対応して、健全な国民生活を確保するための方策」の検討を求め、翌年九月に、それへの一つの回答として、同審議会の小委員会報告『コミュニティ――生活の場における人間性の回復』が出された。この報告を受けて、自治省(現総務省)は、目指すべき地域再生の目標をコミュニティと定めてこれを政策化し、全国にモデルコミュニティ地区(一九七一年度~)、コミュニティ推進地区(一九八三年度~)、コミュニティ活動活性化地区(一九九〇年度~)を設定して、地域再生の取り組みを支援する施策を行った。延べ三七〇余の国の指定地区、およびそれに触発されて全国都道府県、市町村で独自に取り組まれたコミュニティ地区におけるコミュニティ形成の施策と活動は、他方で経済的、財政的合理性を追求して推進された広域行政の下支えの意味もあったが、それだけに終るものではなかった。

2 コミュニティ政策の内容と結果

高度経済成長の終わる一九七〇年代には「地方の時代」の到来がいわれたが、コミュニティづくりに定まった手法があるわけではなく、試行錯誤をくりかえしていた。その結果、コミュニティの成熟度に大きな地域差ができることになった。

地区の設定については、自治省が指示するのでなく自治的にすすめられるべきものとされて、当初は自治省の「コミュニティ（近隣社会）に関する対策要綱」（一九七〇年）で「おおむね小学校の通学区域程度」としていたものを「たとえば小学校の通学区域程度」とあらためる気の使い方であった。しかし現実には、多くは小学校区を範囲としてコミュニティづくりがすめられたが、その後全国にひろがったコミュニティ地区設定では、町内会の範囲のものや、自治体の区域をコミュニティ地区としたところもあった。

七〇年の対策要綱によれば、モデルコミュニティ地区の活動は、計画を立ててそれにしたがって行うことになっていた。そこでは、生活環境の整備と生活の安全確保の推進、お祭り、運動会等のコミュニティ行事や文化・体育・レクリエーション活動の実施、「市町村行政に対する住民の意思の反映および協力」が指示されていた。他方で、環境整備計画にもとづく施設整備では、交通関連で歩行者や自転車の専用道路、街灯・街路樹・街路花壇の設置、環境保全では緑地帯や公衆便所、ゴミ収集施設、防犯施設、避難広場の整備、文化施設としては集会所、公民館、図書室、児童館、研修施設の建設、保健医療・社会福祉関連では診療所、保育所、老人ホーム等、スポーツ・レクリエーション分野では近隣公園、児童遊園、運動広場、体育館、プールの建設等が例示された。これらをみると、自前のコミュニティ活動というより、コミュニティ地区に対する行政の施策の選択を地域住民の判断に任せようとする狙いがみてとれるものであった。

実際のコミュニティ活動の姿を、愛知県が設定したコミュニティ地区での活動の具体例によってみてみたい（愛知県地方課『市町村のコミュニティ施策に関する調査結果』一九八二年。地名および一部の表現を省略・変更した）。

文化振興＝市民館まつり、図書ボランティア活動、地域史の編集刊行、コミュニティ祭り、コミュニティ盆踊り

趣味・レクリエーション＝父ちゃんソフト、早朝マラソン、運動会等、親子ハイキング、各種クラブサークル活動、歩け歩けで健康づくり

安全確保＝自主防災組織づくり、防犯講習会、カーブミラー点検・清掃

社会福祉＝寝たきり・独居老人慰問、老人クラブによる子供会のわらじ作り教室、老人給食サービス
青少年健全育成＝有害図書追放、愛の一声運動
環境整備＝ドングリ植樹、手づくり活動（広場、生活道路、排水路整備）、史跡の道づくり、フラワー道路整備、ゴミ集積所設置、鯉の放流、分別収集の推進、河川・公園・道路・排水路の清掃
生活改善＝不用品バザー、法要の簡素化、挨拶運動、料理教室
行政参加＝コミュニティ計画策定、まちづくり計画の策定、コミュニティカルテ作成、コミュニティセンターの設計・運営への参加、町営プールの監視当番
情報提供＝コミュニティペーパーの発行

このように多彩な活動が展開されたが、時代の制約として住民参加の政策自体に限界があり、内容的には従来の地域活動の延長線上のものが多かった。当時、住民主体のコミュニティづくりは大変新鮮な印象を与えたが、そこにはまだ行政と住民とのパートナーシップや協働とか、地域分権の発想はなく、行政内のコミュニティ担当部局の職員の熱意と、地域の衰退に危機意識を深めていた一部住民のがんばりですすめられたものであることがうかがえる。この過程で注目すべきは、『コミュニティ』報告と国の「対策要綱」にみられたコミュニティと町内会と

の不幸な出会い、むしろ両者のすれ違いの問題であった。

3　町内会を排除したコミュニティづくり

国民生活審議会の報告『コミュニティ』は、地域の大きな変動のなかで、町内会は消滅しているか、もはや機能を果たせないところまで衰退しているとの認識に立っていた。したがってコミュニティは、町内会退場後の地域組織のすき間をうめるために構想されたものとなった。したがって新たなコミュニティは、町内会を視野に入れないでつくる組織であった。

この報告書の提案を政策化したのが、前記のモデルコミュニティ地区設定事業であったが、当然というべきか、自治省の「対策要綱」にも、町内会ということばは一度も出てきていない。もちろん、現に町内会が消滅してしまっているのなら、それは当然のことであった。しかし現実には、東京の近郊都市の一部や、戦後に町内会の役割を認めない政策をとり続けてきたきわめて例外的な自治体を除けば、圧倒的な地域で町内会は存続していたし、急増する都市人口の受け皿として建設が進んだ新興住宅団地でも、つぎつぎと町内会（自治会という名称が好まれたが）が設立されてきていたのである。こうして、施策の理念と執行の現場の実態は大きくくずれを生じていた。実際にこの施策の推進に当たった市町村職員は、現存する町内会を中心に地域再生を図ろうとする地区住民の意向とぶつかることになった。

当時、自治省の施策の推進について助言する目的で設置されていた国のコミュニティ研究会は、町内会長等を集めた組織をつくることは「一番安易で、しかもコミュニティの形成のためにはもっとも危険な方法」（倉沢進「コミュニティ施策の中間考察」『地方自治』一九七二年八月）と警告していた。同論文も指摘しているように、従来の町内会長は名誉職的色彩が強く、一般住民から遊離しやすく、事業も行政任せにしがちな弱点をもっていたことは確かであった。しかしそうであればこそ、コミュニティづくりは、十分に機能できなくなっている町内会組織を真に住民に支えられ、地域共同管理を担える組織に刷新することが課題であるはずであった。しかし、その道は避けられた。

「テーマ型コミュニティ」

町内会の改革に正面から取り組む道を選ぶことのできた機会は、実はそれ以前にもあった。すなわち、占領軍が日本社会の民主化政策を掲げたとき、町内会をどうするかが問題となった。このとき、占領軍は、町内会を地域生活に必要な住民自治組織として民主化するのではなく、頭から禁止することを選択した。第5章でふれたように、戦後の混乱期を生きのびるために必要であった町内会は、占領終了後、ほぼ無傷で復活し、住民自治の民主的な組織として自覚的に鍛えなおす政策がとられることはなかった。そしてコミュニティづくりでもまた、町内会改革の課題は先送りされたのである。国民生活審議会の委員やこれを政策化した中央官庁の職員の認識には、町内会はもはや存在しないか、存在してはならないものであったと思われる。地域における住民自治の組織は自治体しかなく、町内会が存在しているのであれば、それを他の任意の地域諸組織と同列のものにしてしまおうというものであったと推測できる。ママさんバレーのチームと町内会は同じレベルで扱われるべきものと考えられた。

こうして任意組織（アソシエーション）でしかないものをコミュニティとしてみるために、「テーマ型コミュニティ」という奇妙なことばが創造されたのであった。

4　住民自治の組織は不可欠

論点は、地域に地域共同管理を総合的に担い、地域住民を代表できる組織を認めるかどうかである。この組織は、個別の関心にもとづいて組織されるアソシエーションとは異なって、不十分さを残しながらも地域共同の利益の実現を担う組織として形成され、維持されてきたものである。それは、この組織のリーダーが特別の権力をもつといったことではまったくない。地域の共同の事項について調整し、マネージメント（管理）を行う役割をもつというだけのことである。住民の共同の意思（合意）の執行者であるにすぎない。このような機能をもつ組織が地域に必要かどうか、そうしたことは行政に任せればいいのか、が問われているのである。

この場合、その地域組織は町内会に限られない。どの範囲でどんな自治を行うかは、本来住民が決めることである。また、自治の範囲は、課題に応じて重層的であることはすでに述べた。町内会も、小学校区に拡大して設定されたコミュニティも、あるいは今回、地方自治法の改正で制度化された地域自治区も、それぞれの範囲で役割を果たすものである。行政と住民とのパートナーシップや協働が現実のものとなるなかで、住民が必要とする地域範囲で、行政と協働する主体を形成することがますます欠かせないものとなってきた。個別の分野ごとの、ＮＰＯ型の協働ももちろんあるが、全住民にかかわる都市計画のような問題もあるのだ。

自治体だけですべてが完結すると考えてこれにすべてをまかせてしまうことも、あるいは個人が他者とかかわらないで自由に生きていけばよいということもありえないのであるから、町内会であれコミュニティであれ、何らかの住民自治の組織が必要である。

それにふさわしい組織や運営ができているかどうかは、また別の問題である。

第8章　町内会の下部組織と上部組織

1　小さな組織のメリット——町内会の下部組織を大切に

町内会は、地方公共団体と同じように、地域を区画し、そこを生活の拠点とする人びとでつくる組織である。地域性を根拠とする組織であるために、そこに居住するすべての住民がその構成員となることが想定され、それが全世帯加入の原則の根拠となる。ある場所にともに住むことになった人びとが、性・年齢、来住年数、民族・宗教のいかんを問わず、その地域での生活が快適で安全なものとなるように協力しあう組織として機能することが、町内会に期待されている。

町内会は、近接性の原理にもとづいて組織され、狭域から広域まで重層的に広がっている。それらは、基本となる組織単位を軸に、その下部近隣組織と、上部の連合組織とにつながっている。そのなかで、最も小さい範囲の、一〇戸前後でまとまる単位が班や組（隣組）であり、それが町内会の下部組織である。その土地でこれからもずっと住むつもりであれば、防災や子育て、さらには自分が高齢期を過ごすときのことも含めて、世帯の安心や安全の基盤となるものである。こうして町内会では、身近かな相互の支え合いがもっとも基本の活動となる。

「班」レベルの近隣関係こそ地縁組織の基礎

とはいえ、現在の生活では、親密な関係を日常的にもつことが必要であることはむしろ少ないかもしれない。日ごろはつかず離れずの位置にいて、お互いにあまり深くかかわらないでも、いざというときには親身に対応できる関係で十分なのかもしれない。近所であるだけに生じる近隣関係のトラブルは民法上の厄介な問題ではあるが、たとえば近隣騒音の問題も、お互いの交流があるかないかで、我慢できるものであったりひどく苦痛なものになったりするという調査結果もある。集合団地のような居住条件のもとにあってはとくに、ペットのにおいや鳴き声、干した布団たたきの音やほこり、子どものピアノの音、深夜の廊下の靴音といった以前からある問題から、最近ではベランダで喫煙する人の煙が上の階の部屋に入ってくるという問題にいたるまで、あらゆることが他の家庭に影響せずにはいない。こうしたことにお互いに配慮しあい、許容しあって生活していくことが求められる。逆説的ではあるが、本来自由な生活ができるはずの都会ではあるけれど、密度の高い集合生活だけに、他者に対する高度な想像力をもつことが必要なのである。そうした鋭敏な感覚をもった人間であることが都会人の条件ではないか。集合住宅の歴史の長いヨーロッパでの生活ルールの厳しさは、なんでも自由（自分勝手）が当たり前といういまの日本の住まい方に反省を求めているといえよう。

　新旧住民の入り混じりがすすんだ時代には、善意ながらもこの点で行き違いも多かったであろうが、都会生活も長くなって、そろそろ落ち着いた近隣生活ができる要件も整ってきつつあるようにも思われる。しかし他方で、世帯人口の縮小で、世帯員の問題を世帯内で解決することを困難にしており、シングルマザーの子育て支援や独居高齢者の安否の見守りも必要となっている。

　近隣組織の強みは、日常的、継続的に住民間の接点があることである。とくに親しいということでなくても、隣家の様子が「いつもと違う」という気づきは、日常的な近さがあってこそ可能になる。何か通常とは違う状態、たとえば物音や人の出入り、郵便受けに新聞などがたまったままなどは、近所というつながりがあるから気づくことである。名古屋市緑区の市営森の里団地自治会は、不測の事態に備えて、希望者から自宅ドアの鍵を預かる制度をつくっている。様子がおかしいことに気づいた隣人が自治会に伝えると、鍵を預かっている自治会役員が、その鍵を使って家に入り、チェックする仕組みである。それにより、倒れて動けなくなっていた家人を発見し、救急車で運んでもらって一命をとりとめた、といった成果もあげている。

　もともと、日本では地付きの男性が家を継ぎ、小学校以来の友人とのつながりをもち、他の地域から嫁入りした女性が苦労するという構図であった。それが男女とも移動する生活様式が普及すると、「会社人間」であった男性は、新たな友人関係を地域で結ぶことが苦手で、とくに高齢男性が独居の状態になると孤立する危険が高いことが、現実の問題となってきている。

長野県茅野市の福祉計画が、住民の生活圏を、第一次計画（二〇〇〇年）で五層にわけて最底層を「区・自治会」としていたのを、第二次計画（二〇一〇年）では七層に分け、第六層を「町会・班」、第七層を「隣組」としたのも、この近隣社会の意味を重視するからである。ただ、近隣といった小さな単位では、その条件は多様であり、多様な取り組みを想定しておくことは当然であろう。

組や班には、持ち回りの世話役（組長や班長）が置かれるが、高齢化で役に付けなくなる住民も生まれてくる。そうした住民が、「もう役もできないから町内会をやめたい」といって退会していく話を聞くこともあるが、そういう住民を見守ることにこそ、地縁関係でつながる町内会の存在意義があるのであり、こうした事態に対処する方法を決めておくことは、これからの組や班レベルに求められることであろう。

他方で、この問題には、隣人の関与を「住民の相互監視」であるとみて、これを拒否する主張があった。しかし、孤独死（あるいは上野千鶴子のいう「在宅ひとり死」『おひとりさまの最後』朝日新聞出版、二〇一五年）が頻発する（あるいは基調となる）状況下では、何らかの対応は避けて通れなくなっている。この問題の解決には、プライバシーの問題についての一定の相互了解が必要である。そしてそこでは、プライバシーを守ることが、自分を小さな枠に閉じ込めることでないことは明らかであろう。他人のプライバシーに鈍感な住民がいることで、当面は一定の自己防衛が必要なことはあろうが、プライバシーの徹底した状況が究極の近隣生活の目標ではないことは認め合いたい。アメリカのコミュニティづくりの理論的、実践的第一人者といってよいA・エチオーニが、その機関誌『応答するコミュニティ』（一九九六年夏号）に「プライバシーがより少ないことは、私たちに（そしてあなたがたにも）よいことだ」という一文を寄せて、「一番大切なことは、ある程度のプライバシーをあきらめることを公共の福祉が求めているということである」と述べていることは注目すべきことであろう。

このように、制度面でも活動面でも、必要な工夫を重ねながら、近隣関係の強みが発揮できるようにしていくことが期待される。

2　地域問題の性質に応じた連携・協力の輪の拡大――「連合会」の役割を見直す

生活圏の拡大にともなって、地域に起きる問題も小さな範囲で解決できるものばかりではなくなる傾向にある。小さい組織であることを強みとする町内会は、こうした事態にどう対処するのか。それが単位町内会の連合組織化である。コミュニティ組織ができるのも、この連合組織の範囲であることが多い。

町内会連合会（あるいは連合町内会）は、単位町内会を超えた広域の活動を担うとともに、単位町内会の活動を広域的に支援する主体としても、役割を果たしている（並木道の落ち葉の清掃が、沿道の町内会の大きな負担となっていたことから、地元町内会が街路樹を伐採してほしいと提案したとき、並木の保存を願う連合町内会が、傘下の町内会に呼びかけ、清掃に協力するようにした例など）。

町内会は、行政からの広報紙や配布物の伝達や行事への参加協力の依頼のパイプ等として利用されることが多く、したがって連合組織の上部に行くほど行政とのつながりが強まり、行政の意向を強く反映しがちとなる。しかし他方で、連合組織の役員はタテ割りとなっている行政の多くの部署と対応しなければならず、多種多様な事務をこなすことが必要になって多くの時間を割かなければならないだけでなく、常時の対応に、家族の協力がなければ引き受けることができない仕事となっている。上部組織が、行政による上から下への情報伝達・統合ルートとなるだけでなく、また単位組織間のたんなる連絡組織であることを脱して、課題に応じた事業実施団体化することが必要となっている。コミュニティ組織としての整備、強化はこうした意味をもつものである。

連合組織としての活動には、また、単位町内会では企画が困難であったり不効率であったりする行事、たとえば外部から講師を呼ぶ講演会・研修会の開催、ある程度大きな規模や充実した内容をもつ施設や設備の整備、行政による説明会（きめの細かさでは、下部組織単位のほうが有効であることは上述のとおりであるが）を行うなどで効果を発揮する。小さな組織がはじめから自己完結的な姿勢をとると、タコツボ化の弊害を生みやすい。外部組織との連携、相互学習の機会として、上部組織との関係は重視したいものである。ただ、上部組織になるほど役員が特権化し、支配者型になる傾向なきにしもあらずであるから、その役割を担うものは、積極性をもってことにあたるとともに、それだけの自制心が求められていることを忘れてはならない。

区画を同じくする地域団体との関係

地域にはまた、町内会と区画を同じくして組織されているいくつかの団体が存在する。住民を年齢、性別、職種別、機能別等のいろいろな基準で区分する個別の組織がそれである。町内会との関係はさまざまであるが、子ども会、老人会、女性会、同年会、商店街振興会、氏子組織、史跡保存会、趣味のサークル等、多様な組織がみられる。それらのなかには、町内会自身が、組織として人的、財政的な支援を行い、あるいは行事日程を調整したり行事の運営に協力したりするなど、相互協力関係にあるものも多い。

しかし別の面では、子ども会、老人会にみられるように、これら団体は行政とタテの線でつながっており、市町村レベルの連合組織に属して行政からの補助金も受けて、同じ地域の団体としての関係が薄れていく傾向がある。しかし、地域内の関係を維持することは、これらの組織と町内会の双方にとって利点があり、近年の地域協議会制の導入にも、タテ割り化で疎遠になりがちな地域内諸組織間の関係を取り戻す意図もうかがえる。それによって、各組織はより広い裾野をもてることになり、さまざまな支援や情報を得ることができるからである。

とはいえ、これら各団体はそれ自体は自立した組織であるので、会員募集に協力したり、サークルの場合には、成果の発表会を支援しあったりしてお互いに盛り上げていくことは大いに推奨されるが、近年は、少子高齢化の進行で、維持できなくなる地域組織も出てきている。その際に、それを各組織の判断に任せずに、とくに子ども会などについては、会員外の住民の支援で、その維持を図るなどの協力関係の強化も必要となっている。名古屋市港区のある学区では、学区子ども会を立ち上げて、子ども会のない町内の子どもの集まる場を保障しようとしている。

行政協力委員との共同

他方で、地域には、町内会等の推薦をうけて国や自治体が任命し、その地域で活動する各種の行政協力委員がおかれている。民生・児童委員、保健委員、体育委員などである。これらの委員についてはいま人材難であり、また委員の高齢化もすすんでいる。それは地域での住民の孤立状態が進行し、国勢調査の調査員が悲鳴を上げているように、委嘱される職務の執行がむつかしくなっていて、責任を果たすための負担が大きくなっていることが背景にあるからである。こうした委員についても、それぞれ職務にかかわる特別の規則や守秘義務があってすべて公開とはいかないまでも、地域の問題への取り組みであるから、町内会との協力関係をつくることが大切である。それが委員の人材発掘の機会ともなり、委員の活動の発展にもつながる。京都市上京区春日地区の住民福祉協議会は、町内会と社会福祉協議会に地域諸団体が協力してつくられた組織であるが、地域の福祉課題解決への有効な連携の例として、注目されてきたものである。

3　外部組織との連携——オープンでフランクなつきあい

町内会が地域問題に取り組むなかで、行政を介してつながるものとしか、関係をもたないできている町内会もあるであろう。また、ＮＰＯをはじめとする各種団体も、町内会が取り組んでいる問題と接点はもちながらも、町内会とは関係なしに活動していることが多い。両者には、地域の問題として取り上げる町内会と、地域に関わりなく理念（ミッション）にもとづき問題解決に取り組む団体とでは、取り上げる視点や枠組みが異なり、協力の関係をもつことがむつかしい、という事情もあった。

地域には、町内会が伝統的に取り上げてきた町内美化・交通安全の活動や、運動会・文化祭などの住民親睦の諸行事があった。その後、少子高齢化が現実の問題として現れてきて、住民の高齢化と世帯規模の縮小がすすみ、自立した生活が難しくなる住民が増えてくると、こうした住民を支援する事業を町内会も取り上げる必要が出てきた。その際、町内会と各種市民団体との視点の違いは、各種団体は、それぞれが課題として取り上げる問題に直接取り組めばよいのに、町内会は、地域の全住民を視野にいれた課題設定が求められるということである。この視点を明確にしているのが北海道町内会連合会（以下、道町連と略）である。道町連は、一九九〇年度から「全道運動」の目標として「ひとりの不幸もみのがさない住みよいまちづくり」を掲げているが、そこには住民ごとに異なる多様な課題に取り組むことが宣言されている。道町連がこの取り組みに踏み切った背景には、北海道の町内会組織が社会福祉協議会との関係が深いことがあったが、町内会の性格として機能の包括性があげられる（第4章ほか参照）だけに、これらの多様な個別課題について町内会が専門的に対処することは一般的には困難である。そのためには、より広域的な組織体制を組み、専門部会を立ち上げて取り組むか、外部の専門的な団体（ＮＰＯや業者団体等）と連携するかを選ぶことが必要になるであろう。

ただ、ＮＰＯ等と町内会では、活動のスタイルや活動の区域が違うために、一般にはまだ疎遠な関係であることが多いが、最近は、地域に根ざす活動を重視するＮＰＯも現れており、また、活動のある部分をＮＰＯ等の専門的なグループに任せたり、町内会がＮＰＯ法人化したりするなど、両者の接点は広がりつつある。

この点については、あらためて次章で取り上げる。

第9章　町内会とＮＰＯの協働

1　ＮＰＯの出現と法制化

　阪神淡路大震災後の救援、復興活動に多くの市民が駆けつけたことから、一九九五年は「ボランティア元年」と呼ばれて、わが国でもボランティア活動に関心と熱意をもつ市民が多く存在していることが明らかになった。他方で、わが国社会の安全と安定を支えてきた国家と企業は、一九九〇年代以降の経済のグローバル化による国際的な競争の激化のなかで、経済の停滞を余儀なくされていった。国や企業の政策は、自由競争による強者の生き残りを重視する方向にシフトし、行財政改革や企業のリストラで非正規労働者や生活困難層を拡大していった。社会的格差は広がり、低所得で結婚ができない若者が増え、少子化に拍車がかかることになった。こうした社会問題の拡大の結果、家族や地域の基盤が揺らぐことになって、災害時だけでなく、常時、何らかの支援を必要とする人びとが、社会のあちこちに現れることになった。

それは個人の生活を支えてきた近代社会の構造に変化が生まれ、国家、市場、私的セクターの旧来の仕組みに見直しを求めていることを意味した。社会的格差の拡大による貧困層の拡大に加えて、人間の長寿化・高齢化や環境問題の深刻化への対応が、待ったなしの課題として解決を迫るようになった。こうした状況にたいしては、人間と社会の総力を挙げて取り組むことが必要であり、それらの原因が「国家の失敗」や「市場の失敗」によるところが大きいことから、市民の側も、個人的なボランティアを越えて、より組織的にこれらの課題の解決に加わることが必要であることが明らかとなってきた。

こうして、一九九八年に、特定非営利活動促進法が議員立法により成立し、同法第二条に定める特定分野（当初は一二分野であったが、二〇〇三年施行の改正で一七、二〇一二年施行の改正で二〇分野となっている、別表参照）について活動する団体は、都道府県または政令指定都市の認証によって、特定非営利活動法人という法人格を取得できることになった。ただ、法人格は得ても財政的な基盤は弱く、小さな団体では、法人格を取ることのメリットがはっきりしないうえに、規定の様式による会計報告その他各種の書類提出の義務が課せられる——それ自体は、ＮＰＯの団体としての透明性を高め、市民の信頼を得るうえで必要なことであるが——こともあって、法人となることを選択せずに活動する組織も少なくないのが現状である。

この法によるＮＰＯには、「不特定かつ多数のものの利益の増進に寄与」（同法第二条）することが求められた。このことから、地域住民の「共同の利益」のために活動してきた町内会は、その活動目的が「公益」でなく、特定地域に限定された「共益」的な活動を行う組織として、この法の対象とはならないことになった。しかし、対象を「不特定かつ多数のもの」としても、地域的な制約から対象者が町内会の外にまで広がる条件がない場合や、活動の目的や性格から、「共益」と「公益」とは重なる面をもち、町内会でも、ＮＰＯ法人化するものも生まれている（なお、不動産等の財産をもつ町内会は、地方自治法第二六〇条二以下に規定される認可地縁団体となることで法人格を取得することができる。第11章参照）。

こうして、活動の対象が特定地域かどうかの違いはあるが、そこで取り上げられる課題に違いがあるわけではない。ＮＰＯが取り組む課題分野は、表にみるように、比率の上位から1保健・医療・福祉の増進、2社会教育の推進、13子どもの健全育成、3まちづくりの推進、6学術・文化・芸術・スポーツの振興、7環境の保全、と並び、その関心は、多くは同じ課題に向いていることがわかる。また、活動する場面も、個々のケースを見れば特定の地域においてであり、そのなかの世帯や個人、団体の問題である。たとえば、高齢者の見守りであれば、町内会の方は、その区域内のすべての高齢者を対象とすることになるが、ＮＰＯは、契約したケースの問題解決に取り組むことだけが課題であり、ＮＰＯは、普通には、その地域の高齢者の全体がどんな状況下にあるかを知ることは困難である。しかし、町内会の側からみれば、地域内の問題が、一つでも専門的により高い水準で解決できるなら有難いことである。また、必要なら、問題への対処について専門的な助言や協力を得ることもできるであろう。

NPOの20の活動分野別法人数（2016年9月30日現在）

分野別	法人数	比率％
1　保健・医療・福祉の増進	30,079	13.15
2　社会教育の推進	24,698	10.80
3　まちづくりの推進	22,647	9.90
4　観光の振興**	2,221	0.97
5　農山漁村・中山間地域の振興**	1,960	0.86
6　学術・文化・芸術・スポーツの振興	18,269	7.99
7　環境の保全	14,121	6.17
8　災害救助	4,154	1.82
9　地域安全	6,109	2.67
10　人権擁護・平和推進	8,650	3.78
11　国際協力	9,585	4.19
12　男女共同参画社会の実現	4,736	2.07
13　子どもの健全育成	23,444	10.25
14　情報化社会の発展*	5,816	2.54
15　科学技術の振興*	2,885	1.26
16　経済活動の活性化*	9,133	3.99
17　職業能力開発・雇用機会拡充支援*	12,706	5.56
18　消費者保護*	3,186	1.39
19　NPO団体支援	24,089	10.53
20　都道府県、指定都市の条例指定の活動**	207	0.09
合計（法人実数は51,261：平均4.46分野）	228,695	100.0

注　＊は2003年に追加　　＊＊は2012年に追加
　　6には、2003年に「学術」が追加された
出典　内閣府NPOホームページ

ＮＰＯの社会的評価が確定したことで、そうした協力関係を臨機応変かつ安定的につくっていくことが望まれる。

2　町内会とＮＰＯの組織の性格の違い――コミュニティとアソシエーション

近代社会は分業社会であり、社会にはさまざまな組織がある。これらの組織の特徴をとらえる視点には、歴史的な見方と類型的な見方とがある。歴史的な見方とは、ある組織が古い形からどのようにして新しい形に変化してきたかに注目する。土地に密着してしか生きられなかった時代には、人びとはその土地の利用の仕方をめぐって組織をつくり、生活と社会の再生産につとめてきた。その土地への依存が強い時代には、個人は自由なふるまいは許されず、共同体と呼ばれた集団に属し、その秩序に従うことで、はじめて生活が可能であった。

しかし、技術の革新による産業の発展や、ある場合には他民族の征服をとおして経済圏が広がり、物々交換の経済から商品交換経済が広がるようになると、もはや狭い土地にしばられるだけの生活に満足できず、営業と移動の自由が拡大していく。人びとの関係もそれぞれの必要に応じて結ばれるようになり、多様な目的と利害にもとづく組織が多様に現れるようになる。ここでは、人びとと集団とのかかわりは、共同の原理で結ばれた共同体型のもの（コミュニティ）から、個人の個別の意思や目的によって自由に結成される自発的で機能的なもの（アソシエーション）へと変化していく（第6章、参照）。古いタイプの集団は維持できなくなって解体し、それに代わって新しい個人主義の原理で結ばれる集団が広がっていく。こうして歴史的視点からは、二つのタイプの集団は、コミュニティからアソシエーションへ歴史的に交替していくものとして理解される。

これに対し類型的な見方からすると、近代社会においても、共同の原理で結ばれた集団と、個人主義の原理にもとづく集団の二つのタイプの組織は並存しているものと理解される。社会が発展していくにつれて人びとの個性化がすすみ、それとともに多様な集団が多数あらわれることになる。しかし、そのような変化が起こり、現代のようにＩＴ化がすすんでも、人間の生活や企業等の経営は、ある程度は地域諸条件に依存しないわけにはいかない。それは立地条件や交通関係を考えれば明らかであるが、地域諸条件の利用をめぐる利害の調整や、さらには外部からの攻撃や災害に対する安全の確保などのために、地域で組織をつくり、一定のルールによってそれを管理運営することが不可欠となる。国家やその地域機関としての地方公共団体が、自治の程度を異にしながらも、何ほどかは必要なのである。

また、その自治の程度に応じてではあるが、地域での共同の意思を表明する場が必要である。それは個々の個人の特殊な利害関心を超えた共同の関係を調整する機能をもつが、同時に、人びとの共同生活の場として、何がしかの愛着と帰属意識が芽生える場でもある。地域生活のもつ意味は小さくなっていくとしても、現実に地域から離れた生活は不可能であるかぎり、こうした地域の意味はなくならない。市町村さらには町内会のような地域は、こうした性格をもち続けている。

併存し支えあう関係

この区域の上に結ばれる社会的関係は、町内会やその連合組織をふくめてコミュニティと呼ばれる。現在、ネット上のバーチャルな関係もコミュニティと呼ばれることがあるが、地域に根ざす組織がコミュニティ型組織の代表的なものである。個人の興味、関心にもとづく集団がどのように増加し、活発化するとしても、定住生活が営まれているかぎり地域に根ざすコミュニティはなくならない。これら二種類の組織は、あれかこれかの背反的な関係ではなく、支えあい並存する関係としてある。コミュニティに関する古典的な文献の一つであるR・M・マッキーバーの『コミュニティ』（一九一七年）によれば、コミュニティは社会の母胎であり、アソシエーションはその母胎を基盤に分化していく器官のようなものである。そして、多様なアソシエーションが花開くことがコミュニティの成熟の証であるという。

わが国ではこれまで、町内会のあり方が近代的組織のなかで特異のものであり、また日本にのみ存在する独自のものであるかのように主張され、他の諸集団のあり方とは無関係であるかのように受け止められがちであった。しかし現実には、コミュニティとアソシエーションは、一体として社会を構成し、人間を支えている。その全体像を見事に図示したのが一〇八―一一〇九頁の神戸市須磨区の月見山連合自治会作成の「自治会・市民団体・行政の役割関係図」である（同会『月見山自治会報』第一四四号、二〇〇三年四月一〇日）。このような、より総合的で生きた地域の把握を行い、相互連関のなかでそのもてるそれぞれの力量を十分に発揮できるようにしていくことが必要である。

3　町内会とＮＰＯとの協働

以上のことをふまえて現実の地域をみると、まだまだ課題が大きいことがわかる。町内会とＮＰＯの協力関係は不十分であるだけでなく、町内会を批判し、その解体を主張する声が、ＮＰＯサイドから聞こえてくることもある。特定の目的を自らの自発的な「ミッション（使命）」として明確に打ち出すＮＰＯからすれば、行政と強いつながりをもち、何が目的かわかりにくい「何でも屋」の町内会は、ＮＰＯの活動の前に立ちはだかる抑圧機関とさえみえるのかもしれない。目指すところは同じと考えて町内会に協力を求めても、行政の顔色ばかりをうかがって冷たくあしらわれたＮＰＯがあるのかもしれない。

他方で町内会側からみれば、それまで地域の問題に関わってこなかった人びとが、従来のいきさつも考えることなく突然、特定の問題をとりあげて、町内会が協力するのが当然とばかりに参加を呼びかけるような仕方をしてきては話にもならないと、これを門前払いにする対応を

月見山周辺地域「自治会・市民団体・行政」の役割関係図

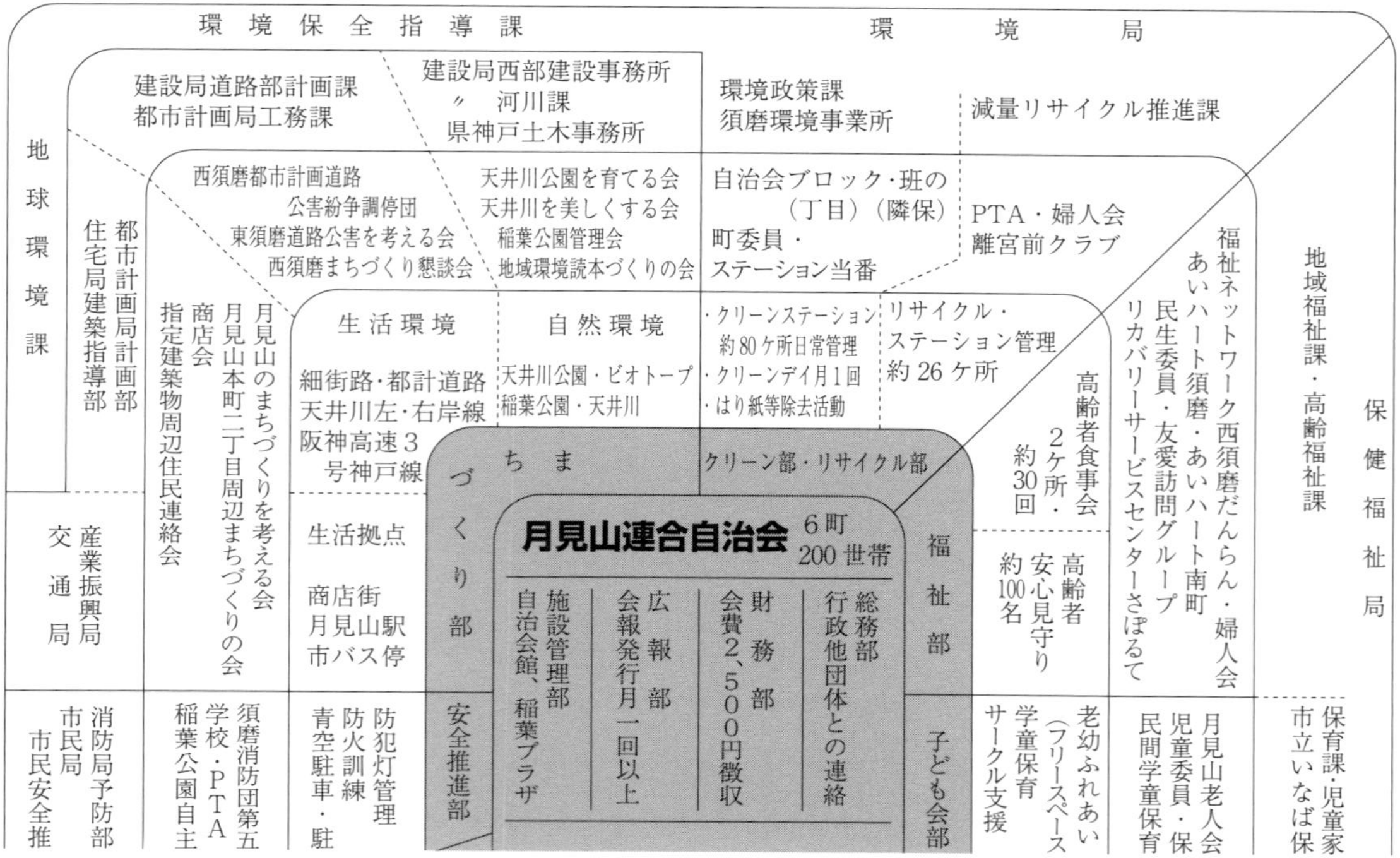

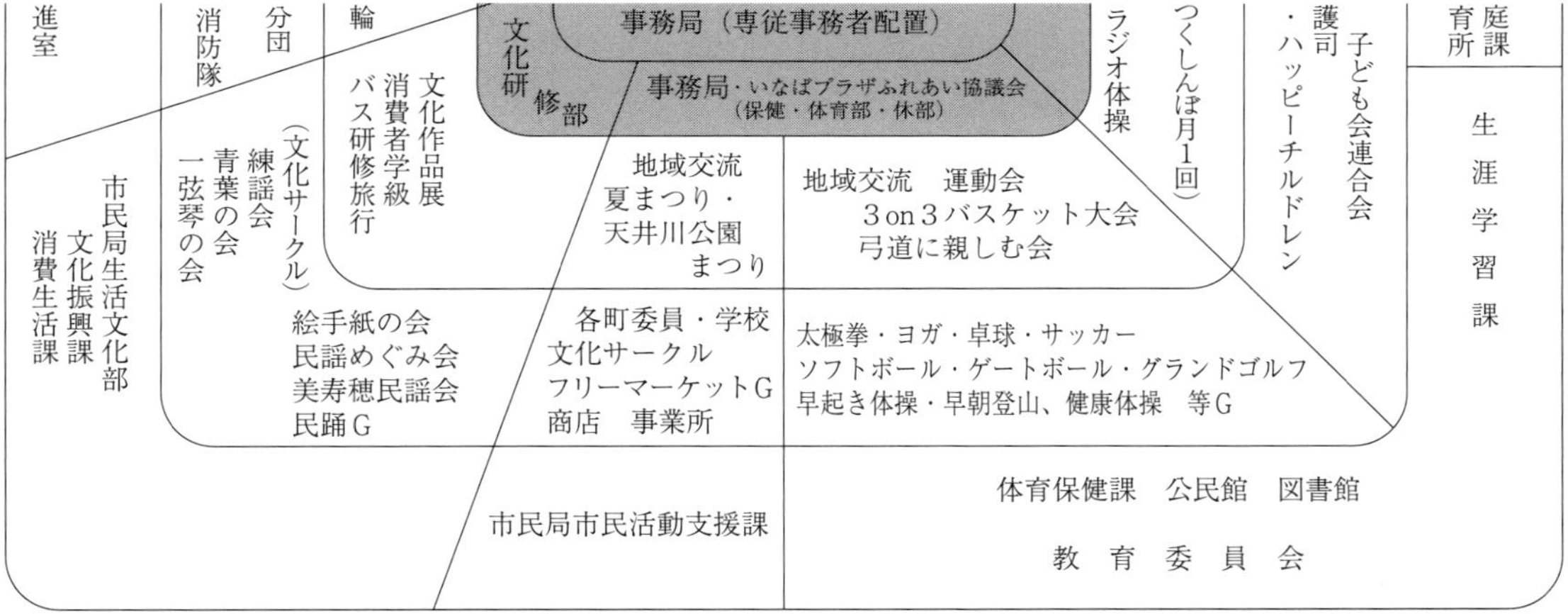

注1．自治会の各部活動の中で、目的・内容で共通する活動を行う他の市民団体とは、可能な限り「協力・支援・事業委託」等の関係・位置づけを明確にし、ネットワークづくりに努めている。

注2．対行政との関係で言えば、クリーン・リサイクル・高齢者福祉・河川公園管理・治安防火等、住民と行政の具体的な目標・取り組みが共有されている分野では、協働関係は進んでいるが、都市計画事業、環境対策などの面では、住民・行政ともなお努力を要する。

注3．上記の役割関係図は、自治会各部の活動と神戸市各部局との関係を、市発行の職務分担表に基づきまとめたものである。日頃付き合いのあるのは、約半分位である。一般的に役員の多くが短期間で交代する自治会の現状の中では、行政の縦割り組織との付き合いはなかなか難しい。区役所がもっと権限と財源を持てるように、行政内部の構造改革の必要性を痛感している。

出典　神戸市須磨区月見山自治会『月見山自治会報』第144号、2003年4月10日

とることもあったであろう。こうして両者は、接近するより反発しあい、ＮＰＯと町内会はお互いに一線を画すことが普通になっているようにさえみえる。さらには、こうしたニアミスが起きるのはまだいいほうで、地域に町内会があり、ＮＰＯができていることをお互いがまったく知らない場合が多いのではなかろうか。

実際の町内会とＮＰＯとの関係については、日本都市センターが二〇〇〇年から二〇〇一年にかけて行った全国の都市自治体を対象としたコミュニティ政策に関する調査によると、町内会とＮＰＯやボランティアグループとの関係について、連携があるものが八％、テーマによっては連携しているものが一三％で、「特に関わりはない」と答えたものが七〇％を占めた。これを町内会よりも多少広域で、構成団体も多彩なコミュニティ組織についてみると、コミュニティとＮＰＯやボランティアグループとの関係は、提携があるものが一六％、テーマによっては連携しているものが二二％で、「特に関わりはない」と答えたものが五六％（日本都市センター『自治的コミュニティの構築と近隣政府の選択』二〇〇二年）であり、コミュニティ組織の方が、いくらか地域諸団体とつながりが広がっていることがわかる。

近年の状況を、名古屋市の学区組織の調査からみると、「ボランティア団体やＮＰＯ・企業等」との連携・協力について、「していきたい」が二九％、「どちらかといえばしていきたい」が二八％となっていて、六割弱が連携・協力に前向きである。また、連携への障害については、「情報がない」と「きっかけがない」が四五～四六％を占めていて、連携・協力の「必要はない」は七％であった（名古屋市市民経済局『地域コミュニティ活性化に関する調査報告書』二〇一五年）。連携への機は熟しつつあるようである。

〝知縁〟と〝地縁〟の協働の広がり

こうした状況にある町内会とＮＰＯではあるが、地域で活動するＮＰＯの実績がみえてきたことと、町内会・コミュニティの側の人材不足、課題への取り組みの強化の必要から、近年、両者の連携がすすんできている。

例をあげれば、名古屋市に本拠をおき災害救援活動を行う特定非営利活動法人レスキューストックヤードに、町内会としての対策のすすめ方や訓練について指導・支援を要請する町内会やコミュニティ組織が増えている。あるいは、町内会のホームページづくりや情報化について専門のＮＰＯが支援し、地域の福祉への取り組み、たとえば町内会による独居高齢者への給食サービスについて、それに取り組んでいるＮＰＯに支援と協力を要請する町内会、さらには町内会が行ってきた給食事業を町内会から独立させてＮＰＯを立ち上げ、より専門的にサービスを行うとともに、町内会の負担を軽減するような動きもみられるようになった。

住民の高齢化などで期待される活動が困難になる町内会にとって、こうした多様な組織との協働は、新たな可能性を拓くものとして検討に値する。ＮＰＯの側でも、町内会の性格を知れば、両組織が追求している使命が、ともに公益に貢献するものであることを理解できるであろう。

第10章　町内会・自治会脱退の自由の意味

1　最高裁判所判決「自治会脱退は自由」の経過と内容

二〇〇五年四月二六日、最高裁第三小法廷は、自治会（ここでは判決文の用語をもちいて「自治会」と表記する）からの退会をめぐる裁判において、脱退そのものを認めなかった地裁、高裁の判決をくつがえし、自治会にあっては「自治会の会員がいつでも当該自治会に対する一方的意思表示によりこれを退会することができる」との判決を下した。中日新聞は同日夕刊で「公営団地訴訟　自治会脱会は自由　最高裁初判断」という見出しを掲げて、この判決を報道した。

これは、埼玉県住宅供給公社が設置した住宅三棟で構成された団地の自治会をめぐって起こされた裁判の判決である。この団地自治会の役員であった一住民が、役員間の意見の不一致から、二〇〇一年に自治会脱退を申し出た。その住民は、脱会したのだからと自治会費を払わなかったので、自治会側が、滞納額の支払いを求めて裁判を起こした。その結果、一審、二審ではこの住民の退会は認められず、滞納した自治会費の支払いが命ぜられた。判決に不服であったこの住民は最高裁に上告し、その結果えられたのが上記の逆転判決であった。

最高裁はこの判断の根拠として、自治会は「強制加入団体」ではないし、当該自治会は退会を制限する規定をもっていないことをあげて上記の判断を示した。そして、滞納されていた自治会費月額三〇〇〇円が、内訳としては狭義の自治会費三〇〇円と共益費二七〇〇円よりなることから、自治会費については退会者に請求できないとし、しかし共益費の負担は公社との契約として、入居の際に「退去しない限り支払うことを約束しており、支払い義務は消滅しない」として、共益費分の滞納額の支払いを命じたのであった。

支えあいをさらに弱体化させてよいのか

町内会への非加入者が増加して地域運営に苦慮している町内会にとって、この判決は大変厳しいものであった。「いっそ有志の組織でいいとなればどんなにか楽なのに」という町内会役員のため息がきこえるが、その背景には、現実には加入を強制するすべはないのに全員加入の原理は生きているというねじれ現象があった。そうであれば、町内会には、住民の理解をえて全住民が自発的に参加してくれるように、いっそう高度な組織運営を行うことが求められることになる。現実には、加入しない住民がいると、ゴミ出しのルールが守られないとか、会員が負担している財源で地域共同の事業、たとえば防犯灯の電気代を支払っているということの不公平感がくすぶっていて、町内会加入の促進は役員の悩ましい問題となっているところが多い。それだけに、町内会からのわかりやすい情報の提供や、加入することがメリットと感じられるような魅力的な活動を企画するとかの対策が考えられ、実施もされている。加入を勧誘するチラシを行政にも協力してもらって転入者に渡す等のことはしていても、町内会ごとの地域差も大きく、一般的な「お誘い」程度ですぐに成果が上がるというほど簡単ではない。

そういうなかで表札もなく、だれが住んでいるのかわからないような住宅や、外国人の増加によるディスコミュニケーション、貧困・過度な長時間労働・高齢による近所付き合いの困難化などもあって、地域社会での人間関係がなくなることが心配な地区も現れている。こうした人びとの生活を支えることは公的福祉の仕事である面と、町内会に協力が期待される面とがあるが、加入者減少による町内会自体の弱体化もすすんでいて、これ以上は対応できないという悪循環が生まれている。

住民相互の支えあいをさらに弱体化させていってよいのかは、住民の福祉にとって大きな問題である。マンションなどの場合には、建築主から入居者に働きかけるような協力も行われているし、上記訴訟事件が起きた団地を管理する埼玉県・県住宅供給公社は、裁判がおこされて以後、入居者に渡す『県営住宅・住まいのしおり（保存版）』（二〇〇四年六月）では、「自治会加入への協力」を呼びかけていた以前の版を改定し、「入居される皆さんも自治会に必ず加入してください」と、文言を改めている。

2　自治会の性格と共益費

もう少し詳しく判決の内容をみてみよう。

この自治会の目的は、二〇〇四年四月施行の自治会規約第七条で「会員相互の親睦を計るとともに、快適な環境の維持管理及び共同の利害に対処するとともに、特定の思想並びに宗教、政治、党派に偏ることなく、会員相互の福祉助け合いを目的とする」と規定されている。

二〇〇四年の東京高裁の判決では、自治会について、「共用施設を共同して使用し、地域住民としての環境の維持、管理、防犯等に共通の利害関係を有し、かつ、地域的な結びつきを基礎として、居住者全員の協力によって解決すべき問題に対処する必要があることに照らして、これら公共の利害にかかわる事項等の適切な処理を図ることを目的として設立され、その目的を実現するために、共益費や地域活動費用の徴収、支出その他の事務の統一的な処理等について執行機関を設けた上、総会の決議によって遂行するものであり、……会員にあっては、共用施設の共同利用やその維持管理、安全・良好な居住環境の確保等の公共的な利益を享受するとともに、これらの利益の享受に対する対価として共益費の支払い義務を負うとともに、これらの利益の確保のために被控訴人［引用者注＝本自治会のこと。以下同じ］を運営し、かつ、その諸活動を遂行する上において必要な諸経費を賄うための自治会費を負担し、これらの受益、負担の関係は、その性質上個人の処分に委ねられるものではない」としている。そして、自治会は本件団地の入居者によって組織することと定められており、退会については特別に定められておらず、事業の執行は、特定の思想、宗教、党派等によって左右されてはならないと定めているが、このような自治会の性格から、著しい法秩序の違反や会員個人の権利の侵害があり、かつ、その違反状態を排除することを自律規範にゆだね難いなどの特段の事情がある場合を除き、「特定の思想、信条や個人的な感情から」自治会に対して退会を申し入れることは「条理上許されないものというべきである」との判断を示した。

これに対して最高裁の判決は、本自治会の性格について、同会規約の文言をそのまま読んで、本件自治会は、会員の親睦、快適な環境を維持管理するための活動、福祉助け合いの団体であるはずで、原判決〔高裁判決〕が述べるように、「共用施設を共同して使用し、地域住民として環境の維持管理、防犯等に共通の利害関係を有し、かつ、地域的な結び付きを基盤として、居住者全員の協力によって解決すべき問題に対処する必要があることに照らして、これら公共の利害にかかわる事項等の適切な処理を図ることを目的」として設立されたものではないことを強調する。そして、「確かに、本件自治会は、私的な利益をはかる団体ではない。それをもって公共の利害にかかわる事項を処理しているということはいえるかもしれない」としながら、これら「共用施設の維持管理の決定権限は公社にある」ので、自治会のもつ公共性は「結局言葉だけの問題に過ぎない」と切り捨て、共益費の負担を住民と公社との関係に限定してしまう(判決文の引用は『判例時報』一八九七号、二〇〇五年九月一日発行、による)。

共益費の使い方

ここでは二つの問題について検討する。一つは、共益費の使い方についてであり、もう一つは共益費以外で自治会費を使った「共同の利益に関する事項」処理の活動をどうみるかということである。

本団地での共益費について、前掲の県・県住宅供給公社による『県営住宅・住まいのしおり(保存版)』は、自治会についての項で、次のように書いている。

「自治会は次のような活動をしています。ご近所付き合いのきっかけになりますので積極的に参加してください。

(1) 共益費の負担

団地の階段灯、外灯、給水施設等の電気料、汚水施設の管理費、その他の共同施設の管理費などは、入居者が個々に負担することは困難なため、これらの費用は自治会が一括して負担しています。

そのため、入居者のみなさん全員に共益費として自治会に納入していただきます。(中略)

共益費の主なものは次のとおりです。

ア　階段灯、外灯（防犯灯）、給水施設などの電気料、破損電球の取替え費
イ　共同水栓の水道料、給水栓、パッキン等の取替え費
ウ　浄化槽など共同施設の管理費
エ　団地内共用部分の排水施設などの清掃費
オ　集会所の維持運営費
カ　その他」［（２）以下、略］

この記述では、共益費は自治会活動の項目に入っており、「自治会が一括して負担」と書かれている。一審、二審では、この記述にもとづいて自治会費の負担は免れえないと判断したようである。最高裁は、この自治会費の内容を検討し、上述のように、性格の異なる二つの部分があることを明らかにし、自治会からの退会と共益費の継続した負担とを両立させる方法をみつけた。しかも、共益費を自治会から切り離し、公社との契約によるものとするために、共益費が自治会の関与しない費目に限定されているかのように描いた。上記、アからオまでの項目は、節約のための運動などとして自治会がかかわりうる面もないわけではないが、どちらかといえば技術的な費目といえよう。

しかし、最高裁判決では、共益費の費目の「カ　その他」に該当するものとして「害虫駆除等に要する費用」をあげている。これは『しおり』には挙げられていない項目であるが、これがこの自治会での脱会問題の引金になった問題だったのである。もし「害虫駆除」が公社の決

定事項で、脱会を望んだ住民の意思がそのための薬剤散布とそれに係る費用支出の差し止めを求めるものであるとすれば、訴訟の相手は自治会ではなくて公社であるはずである。実際には、退会した住民自身が共益費の請求主体は公社で自治会ではないと主張していたのである。しかし、争いは住民対自治会で起こったのであり、いつ、何回薬剤を散布するかという共益費の使い方にかかわる事項についての異議が発端であった。これは自治会も共益費について何らか関与していたことを示している。薬剤費が共益費から支出されていることは事実としても、共益費に関して自治会が関与する余地がまったくなかったかのように割り切ることは、地域管理の実態からはなれた機械的過ぎる判断ではないであろうか。

地域組織の公共性をどう保障する

これは第二の問題、すなわち狭義の自治会費を使って「共同の利益に関する事項」を処理する活動をどうみるかという問題につながっていく。最高裁判決では、多数の住民がさまざまな意見をもっているとき、「法で強制されているわけではない団体について、決議にすべて拘束され、会費支払いも強制させられ」るのは不合理だという。その際、自治会が行う「公益的な業務により、会に参加していない第三者が利益」をえる場合の不平等については、参加者の得る利益の「反射的利益にすぎない」し、なお「これを不当と感じるのであれば、負担した者にのみ受益を受けられるシステムを作」ればよいというのである。この対案は、第3章で触れた、ゴミの集積所をめぐる最高裁判決で、公平な被害の負担を拒否した住民のゴミ出しを禁止したような事例では合理的であった。しかし、環境整備に関するような事項でも果たして可能であろうか。

ここではむしろ自治会活動のなかにある共益的部分については、自治会費のなかに共益費分を区別し、その負担については住民全体に課すことで公平を図ることも考えられる。千葉県白井市のO自治会のように、自治会に加入していない世帯からも「地域環境整備金」として共益費分（年額二〇〇〇円）を徴収している事例も生まれている。

これは一種の課税権につながる発想であり、そのためには地域組織の公共性をどう保障するかという問題が出てくる。これは町内会の準自治体化の構想ともいえるが、その萌芽は地方自治法による地域自治区の制度化につながるものである。この点についての説明は、第14章にゆずりたい。

3　地域の共益を支える組織と個人

この判決は、自治会にとっては厳しいものにみえるが、その先に見えてくるものもあるように思われる。一つは、自治会への加入、非加入を問わず、その地域に居住する限り、共同の利益（共益）のための負担を免れることができないということであり、同時に、共益に関する事項の決定に参加する権利は、この共益に関わるすべての住民に開かれていなければならないということである。こうした決定のために全住民を包含する組織が必要であるとすれば、それが町内会型の組織である。一審、二審では、このような認識を示した。最高裁の判決では、月額三〇〇〇円の自治会費については支払わなくてよいとしたが、これは、住民共同の事務の遂行を担う自治会組織については、住民の任意の意思によるアソシエーションであることを認めるからであった。こうして、自治会からの「退会の自由」が宣告された。しかし、判決では、共益費の管理は住宅供給公社だけのものとしていたが、脱退の原因となった議論の対立点自体、自治会内での活動（共益費の使途をめぐる問題）であったことで分るように、退会した住民は、共益費を負担しつづけながら、共益費の使途を議論する自治会の議論に参加し、審議・決定する権利を失うことになったのである。自治会の基礎に、住民の共同体があることを想起させたところに、この裁判の意義があった。

町内会は、これだけの重みをもった組織である。それだけに、その運営については慎重な配慮が必要である。また、自治会からの脱退は、生活者としての権利の主張のようにみえて、実はその放棄でしかないことを肝に銘じておきたい。その地域から「退去しない限り」なくならない権利と義務があること、そしてその意味で、町内会は全世帯の参加を保証する地縁組織であることを理解することが必要である。

個人主義と地域共同の〝共存〟

このように、町内会の加入・脱退の問題の基底には、地域における個人主義の原理と地域共同の原理との対立と共存の問題が横たわっている。これは近代社会が負うことになった宿命的な問題であり、したがって、ここで確認しておきたいのは、このねじれを解決する方向は、共同をなくすといったことでではありえないということである。

共同の領域をすべて行政の行う公共的決定にゆだねるということでなければ――それは現代の地域分権の思潮や政策方向とは逆行するものである――、このねじれの解決は地域共同を担う組織の側だけに求められるものではないであろう。よく自分の行いは棚に上げて、改めるのは組織の側だけというような主張がなされるが、第2章3節で触れたように、共同生活の場である地域においては、すべての人の権利を守るためには、お互いに一定の秩序に従うことは避けられない。したがって他方で、住民には、個性化がすすんでもなお地域社会の一員としての権利と義務のバランスが自覚的に追求されなければならないことになる。それは先述のアメリカのコミュニタリアン（「新しい共同体主義者」などと訳される）の代表的学者の一人であるA・エチオーニが提唱する『新しい黄金律』（一九九六年。永安幸正訳、麗澤大学出版会、二〇〇一年）、すなわち「自律と秩序の調和」とも一致するものである。

第11章　町内会の運営の刷新

1　町内会運営の基本姿勢

町内会は、その地域に居住し、その地域空間を共同して利用するすべての人や組織に関係する問題を処理する地縁組織である。それだけに、町内会の運営については、単にこの組織への加入者だけでなく、関係するすべての人や組織の意思を尊重するよう、つねに努めなければならない。

しかし他方で、住民の生活や関心が多様化している現代の町内会で、すべての人や組織の意思を実現することはますますむつかしくなっている。それどころか、多様な人や組織がどのような意思やニーズをもっているかを知ること自体が極めて困難になっているのである。そうした状況のもとでの町内会の運営は、大変むつかしいものとなることは想像に難くない。しかも、運営方針を立ててその推進を図る町内会の役員が、仕事や健康、あるいは家族の条件で安定して役割を果たすことができずに短期間で交代するような状況下では、住民の求める活動を継続してすすめることは不可能であろう。こうして、何とかしなければ町内会が存在する意味が薄れて加入率の低下がいっそうすすんでしまうことを恐れながら、しかも、何か新しいことに取り組もうとすると、余分なことはしてくれるなという役員内で足を引っ張る声もあって、前年度踏襲の方針ですすむしかないという町内会も少なくないのではないかと思われる。

町内会という組織は、連綿と続いてきたものだけに、祭礼などの伝統的な行事や、家柄による役員の選出など、変化がむつかしい構造をもっている。しかしいま、それが時代の変化、すなわち社会構造の変化のもとで改革を余儀なくされているのである。町内会が曲がり角に来ていることを自覚し、もう後戻りできない状況下にあることを認めるしかないのではないか。そしてその時こそ、その運営を本気になって見直すべき時なのである。それは町内会の新たな存在意義の発見の時であり、町内会再生のチャンスなのである。

地域の変容と組織管理（マネジメント）の刷新

いま、住民の生活や関心が多様化しているだけでなく、その実態もよくわからない状況にあるように思われてならない。高齢者がどんな暮らし方をしているのか、子育て世帯がちゃんと生活できているのか、外側からは分りにくくなっている。世帯規模が縮小し、単身世帯が増えつづけ、政府が「少子社会対策」として「三世代同居」を強調すればするほど、負担の増えることを危惧する国民は、ますます家族を離れて「ひとり暮らし」を選ぶようになる（上野千鶴子『おひとりさまの最後』前掲）。町内会の足元も大きく揺れている。町内会も、現代社会の構造変動に合わせて改革し、住民の暮らしの支え手として再建していくことが、いまの町内会のリーダーに求められる役割であろう。

町内会の運営について役員に尋ねる調査で、「いま取り組んでいる課題」と「これから取り組まなければならない課題」とがずれていることを示す結果はよく目にするところである。主な傾向は、現在取り組んでいる課題では「環境美化」「交通安全」「子どもの見守り」などが上位にあるのに、これから取り組まなければならない課題としては、「高齢者福祉」や「災害対策」が上位に来ることである。つまり、これまでは、全員で共同の目的の実現に努めればよかったのに、これからは、住民・世帯の状況により、支援する住民と支援を受ける住民とに分かれることが起きる。縮小する世帯では担いきれなくなっている問題を、地域で担うことが期待されているのである。もちろん、町内会でも、その活動の担い手不足で十分には支えきれないことも生じる。その場合には、行政の役割と責任を問い、NPOや事業者との連携・協働の関係をよりいっそう強化することで、これらの課題の解決に取り組んでいかなければならない。その意味で、町内会の運営の刷新が求められている。それは、組織としての管理（マネジメント）の見直しと強化の問題である。

非営利組織の管理（経営）について、経営学者P・E・ドラッカーは、自分たちの仕事は何なのかについて、組織のミッション（長期の目標）を明らかにすることから始めるように提唱している（P・E・ドラッカー、上田惇生他訳『非営利組織の経営』ダイヤモンド社、二〇〇七年）。その点では、第8章であげた北海道町内会連合会の「ひとりの不幸もみのがさない住みよいまちづくり」という組織目標は、これからの地域のミッションを見事に表現している。地域ごとに、このような基本目標を定め、そのうえに、これを具体化する各々の地域の課題について計画的に取り組んでいくことが期待されている。

町内会が、従来、福祉の分野に入れられていた問題を取り上げていくについては、社会福祉協議会との連携が不可欠である。道町連が「ひとりの不幸もみのがさない住みよいまちづくり」という運動目標を定めることができた背景には、北海道での町内会の整備過程に、北海道社会福祉協議会の強い働きかけがあったことが知られている（白戸一秀「北海道の町内会・自治会活動の歩みと展望」『道町連三〇年の歩みと展望』道町連、二〇〇八年）。また、町内会の活動の対象は全住民であると考える京都市上京区の春日学区住民福祉協議会は、住民を「元気な人」「外出が苦手な人」「虚弱な人」「支えが必要な人」の四種類に分け、各種類ごとに異なる事業計画を立てて活動を進める。会の名称でわかるように、ここでも町内会と社会福祉協議会は連携を密にした組織で課題に取り組んでいる。これもまた「ひとりの不幸もみのがさない」運動ということができる。こうしてみると、従来の町内会の活動は、外出できる「元気な人」のみを対象に活動を組み立てており、その他の住民については、家族（世帯）の世話に委ねていたことに気づくのである。そしてあらためて、「ひとりの不幸もみのがさない」という課題が町内会が直面している課題であり、地域内の各種団体のタテ割りのバラバラな状態を克服し、お互いに連携することが重要であることを確認することになったのである。

町内会の直面する困難は、町内会が変わるべきところに来ていることを教えてくれるサインである。前年度の事業の踏襲というマンネリ化した活動スタイルの危うさを理解し、この組織の転換と再生に踏み出すことが、住民によって、いまの役員に求められているのではないか。企業や行政、あるいはＮＰＯ等と同じように、町内会も組織のマネジメントの重要性に気づき、その「カイゼン」に力を注がなければならないところに来ているのである。

2　役員人事と任期

町内会の運営は何らかのルールに従って行われるが、それは一般に、行政組織のように整備された規則によることは少ないであろう。応用問題が多いだけに、議論を避けて前例に固執したり、逆に場当たり的、恣意的に運営されるおそれなしとしない。それだけに、運営にあたる役員人事が重要な意味をもつ。町内会のような小さな組織では、適切な人が得られるかどうかで、その盛衰が決まってしまうようなところがあるからである。

役員選出の方法は、町内会の歴史や、会員世帯数やその職業構成等によって多様であり、決まった方式があるわけではない。立候補や推薦で役員候補者を決めて投票するかたちから、役員会で推薦し、総会で承認というかたちまで、多様である。住民がお互いをよく知っているという条件がなくなり、名誉職的な性格も薄れて、「役員のなり手がない」という状況が広がっている。そのため、任期を短縮して持ち回りにする動きが強くなり、任期だけ無事に過ごせばよいという気持ちから、前年踏襲の運営ですませようということになりがちである。

しかし、町内会をめぐる状況は、このようなやり方をいつまでもつづけることを許さなくなってきている。しかも地域内に、意欲的な人材がいないわけではない。地域内の各種団体（とくにＰＴＡ、消防団、青年会議所等の若い世代の活躍する団体）のもつ人材についての情報を共有することも、役員を見つけ出すための重要な手順である。また、女性や退職者に声を掛けるなど、地域内での人的交流をうながすことが重要である。そして何よりも、決まったことをいわれたようにする役員でなく、やりたいと思っていることを、住民協議の上で実践できる役員集団をつくることである。「はじめに」で紹介したように、内閣府の「社会意識に関する世論調査」（二〇一六年）で「社会に役立ちたいと思っている」と答える人の割合は、二〇〇八年以降、六五％以上を記録し続けており、五〇～六〇歳台では七〇％前後に達しているのである。これらの住民は、社会の役に立つことに生きがいを感じて、活躍の場を求めている。この人びとの意思と意欲を、高齢期の生活の中心となる地域の場で、まだ引き出しきれていないとすれば、人材の面では、地域の前途は明るいといってよい。こういう住民が、二期とか三期、役員として務めてくれるとすれば、組織としての安定が確保できるであろう。そうであれば、問題は、それらの住民が力を発揮できる場をどう作るかということである。これこそが、先にも触れた組織経営（管理）の問題である。

少なくとも二年任期で

役員といっても、組長・班長のような「お世話役」については、もちまわりの一年交代で十分機能するであろうし、役を務めることで町内の住民の様子がわかってよかった、という声もよく聞くことである。また、高齢化で、こうした役もできなくなったので、町内会を脱会したいという住民も出てきている。こういう住民こそが町内会による見守りの大事な対象者であり、「会員でないから、どうなっても知らない」というわけにはいかない。こういうケースについての役職や会費等の減免規定を定めておいて、本人の同意のもとに、適切な執行ができるようにしておくことが大切である。ご本人は、老骨に鞭打って、組長として最後の勤めを果たそうとしていたとき、一方的に外されるというようなことがあると、住民の配慮であることは理解しても、仲間外れにされた思いもしないわけではない。規約に定めてあって私的な運用でないことを明らかにし、当事者の同意を前提とする配慮が必要である。

その他の執行役員の任期については、やむを得ない場合には一年交代があるとしても、基本的には一期二年とすることが望ましい。また、可能なら一期目は副で二期目が正の役割、ということで二期四年を、新旧二人が入れ替わりつつ連携して就任できればさらに望ましいであろう。対応する行政職員の方が二年、三年で異動していく時代だけに、それらに振り回されないためには、町内会側での活動の継続性の確保が求められよう。さらに、こうした役員体制を支える仕組みも必要となってくる。町内会の役員になると、家族ぐるみで手伝わないと廻っていかないような、もろもろの事務があった。市町村広報を配布する業務のような定型化したものについては、なるべく分業することが必要であろう。また、次章でくわしく触れるが、町内会にも事務係をおくことも考えていきたい。いずれにせよ、町内会は人で動く組織である。参加が減るとますます役員任せになる危険がある。適切な人材が安定して維持できるよう、いっそうの工夫が求められる。

3　財政運営について

町内会の財政も多様であるが、いくつかの変化がうまれている。一つは、住民の階層格差の拡大から、会費の値上げができないところや、とくに高齢世帯で会費が払えなくて町内会をやめる動きがあることである。

伝統的には、地域が必要とする経費については「見立て割」制がとられてきた。これは町内各世帯の経済状態を評価していくつかの等級に区分し、等級ごとに異なった費用負担を課す方式である。当時は、公共的な事業の多くが地域の負担となっていたこともあって、その経費の総額はかなり大きいのが通例であった。こうした事情もあって、世帯の負担額を決める時には、世帯ごとの家計の大小や余裕の状況等といった、世帯の経済事情を勘案した「見立て割」制がとられて、住民が等級別に分類されてきた。地主や名望家は高額を負担し、最下層は負担を免除されたりした。都市部では、土地・家持ちか借家か、給与所得の額や資産によって、商店の場合には間口の大きさで、異なる評価をして負担させることが行われてきた。こうした評価にはつねに不公平感がつきまとい、不満が生まれる方式ではあったが、それでも各世帯の経済や家内の幸不幸をお互いに知りえたという濃密な関係があるなかで成立する実質的平等の方式であった。

戦後になって、世帯平等の意識が強まり、また、プライバシー保護意識の強まりで世帯の経済状況が分る資料が公表されなくなったこともあって、多くのところでは「定額制」になり、形式的な平等化がすすんできた。しかし今後は独居高齢者世帯や母子家庭などが増えてくると、一律の会費制の見直しが必要になってくるのかもしれない。そのなかで、全世帯に一律に負担を求める額は低く抑え、そのかわり、お祭りのように、その行事が好きな人、派手にやりたい人や、それぞれの趣味・価値観にもとづく事業への参加者については、一部を有志の寄付や参加費の徴収でまかなうといったように、参加者の主体性をふまえた負担制度も考えられるであろう。他方で、子ども会や老人会、地域サークル等、一部の住民が所属するだけの組織でも、その地域にとって意味のあるものについては財政的に支援することは当然ありうることである。

広報配布等に対する委託費をどう考える

行政との関係で議論が起きることがあるのは、広報の配布等にかかる行政からの委託費（報奨費）の町内会内部での処理の仕方である。この額が収入として町内会の会計に計上されているところもあれば、役員への手当と考えて、一部役員に配分され、会計上に現れないところもある。後者の場合に、この事実を知った住民側から、これは「役員による公金の横領ではないか」という疑義が出されることがある。行政からすれば、町内会に委託した業務が適正に果たされていれば、委託金が町内会の内部でどのように配分されるかは町内会の問題であって、公金横領といった種類の問題ではない。したがって、その配分の仕方については町内会の意思にまかされているといえる。

行政側では、全町内会に配分した総額ではあっても予算歳出に記載があるものであるから、この金額は公表されている数字である。なかでも広報配布は町内会の役員だけでなく、組長、班長の協力がなければできないことであるから、やはり町内会の会計に載せるべきものである。町内会の役員の苦労に対して酬いる必要があるならば、町内会の議決によってしかるべく支出するようにすべきであろう。ＮＰＯに求められる厳格な会計公開の原則に比べて、町内会のそれがあいまいであるとすれば、町内会の信用の向上のためにも早急な改善が必要である。

「生活地自治体」と公共性

町内会の財政支出には、前章の最高裁判決の議論をふまえると、その地域の共同生活者としてすべての住民にかかわる事業費（たとえば、共同のゴミ集積場の管理にかかわる経費、地域の安全に関する経費等）が、すべての住民で負担すべき、いわば「地域共益費」「共助活動費」として含まれていることを知る。こうした全住民にかかる経費は、住民税として納税した自治体の予算から支出されるべきだし、たとえば防犯灯電気代として、先の補助金等に含まれて支払われているといえるかもしれない。しかし、団地であるとか一般住宅地であるとかで地域ごとの事情の違いがあり、また、施設・設備の充実度や活動の力の入れ方の違いなどもあって、一部は町内会負担になることは避けられない。そして、この負担分をめぐってフリーライダー問題が起こらざるをえない。こうした全世帯加入ではなくなっている町内会の実態と地域共同という生活実態とのねじれは、行政組織と各世帯との間にある共同組織の公共性を高める方向で解決していくことができるのではないか。それは町内会をただちに公共的な行政組織にしようとするものではないが、町内会を各種団体のなかの一つにしてしまうことではなく、町内会を公共性の強い自治体に近づける方向で考えるべきではないかということである。

私は、一九七三年（『住民と自治』一二月号）以来、町内会が「行政末端」という上下の視点からネガティブにとらえられがちであった見方を改め、住民が生活する場所で、住民自身による固有の権利としての自治の存在を示すものとして「生活地自治体」を目指すことを主張してきた。しかし、地域自治の実質の確立のためには、町内会の運営の見直しといっそうの改善が求められる。そこでは、地域住民の主体的な参加が要請されるが、住民に開いた会の運営と議論の積み上げ、計画的な実践がさらに求められよう。広い学習と外部との情報交流ができている町内会が、発展の要素を秘めていることは、多くの事例からみても間違いないであろう。

4 「地縁による団体」の法人化

町内会は、法律的には「権利能力なき社団」といわれ、団体の名前で財産の登記ができないものである。しかし、長い歴史をもつ町内会では、自前の集会所をもつものが少なくない。一九九三年の自治省（当時）の調査によれば、不動産をもつ町内会は全国で一一万三六〇六団体（全町内会の三分の一強）、うち建物をもつものが九万七一四六団体、土地をもつものは、建物との重複分をふくめて六万七六九〇団体であった。そのため、これらの不動産は、会の役員などの個人名義で登記されなければならず、時がたち、住民の流動性が高まるにつれて、これらの財産が町内会のものか登記した個人のものかで争いが起きるようになった。こうしたトラブルを防ぐため、一九九一年に地方自治法が改正（第二六〇条の二）されて、市町村への申請とその認可によって法人格を得て、会の名前で財産登記ができるようになった。これが「認可地縁団体」である。

地縁による団体は、法によれば「一定の区域に住所を有する者の地縁に基づいて形成された団体」であり、町内会などがこれに当たる。他方で、青年団、婦人会、老人会や各種の機能別団体は、これに該当しない。認可に必要な要件は法に定められているが、それによれば、当該団体は「住民相互の連絡、環境の整備、集会施設の維持管理等良好な地域社会の維持及び形成に資する地域的な共同活動を行うことを目的とし、現にその活動を行っていると認められ」、「その区域に住所を有するすべての個人は、構成員となることができるものとし、その相当数の者が現に構成員になっていること」が必要である。ここでの強調点は、その財産を利用して「地域的な共同活動を行うこと」と、構成員が「その区域に住所を有するすべての個人」に開かれたものであることであり、後者については「正当な理由がない限り……加入を拒んではならない」し、「不当な差別的扱いをしてはならない」ことが法律上に念押しされている（同法第二六〇条の二⑦⑧）。

法的には、構成員が「個人」となっているため、申請に添付する名簿では、すべての個人を列記しなければならない。町内会の加入単位は世帯であることを繰り返し述べてきたが、町内会の活動や配慮のおよぶ対象は、その町内のすべての個人であるから、この点で、齟齬《そご》はない。ただ、世帯でも変動があるのに、個人では、名簿を提出した翌日から出生、死亡、転出・入等で、もうその実態は変わっている可能性がある。法的な建前と現実とのズレは大きいといえる。また、これまで財産登記に名を連ねてきた住民が亡くなった後の名義変更等がされてきていいないため、現在の所有権者が誰かが分らなくなっていて、認可の申請ができないケースが多くあった。この点は、二〇一四年の法改正（地方自治法第二六〇条三八〜三九追加）で、市町村長の証明書でもって認可できるように、条件が緩和されている。

なお、二〇一三年四月一日現在でこの法人格を取得した町内会は四万四〇〇八団体である。この法人格を取得する団体は、規約を整備していることが求められる。申請に必要な書類等の説明とモデル規約案は、前掲の、東海自治体問題研究所編『町内会・自治会の新展開』（自治体研究社、一九九六年）および、中田実・山崎丈夫・小木曽洋司『改訂新版 新 自治会・町内会モデル規約――条文と解説』（自治体研究社、二〇一六年）にあるので、必要な方は参照されたい。

法人格を取得したからといって、財産の登記以外に特別の権限がえられるものではないし、財産をもつすべての町内会が法人化しなければならないというものではない。しかし、地縁による団体として法人格をもつことで、よりオープンに地域の共同活動を行うことが要請されるし、財産の保有についてはより安定した基盤のうえに乗せることができよう。

第12章　町内会の活動の刷新

1　行事に追われる町内会――どう見直すか

町内会が取り組む課題は多様であり、一年をつうじて次々と行事をこなしていかなければならない。そんななかでは、一つひとつの行事の意味や課題をあらためて吟味し、年度の目標を定め、それにしたがった役員や有志委員の布陣を考えて新たな展開を図るといった取り組みは、なかなかできないであろう。役員の皆さんは、町内会の今年度の到達目標をどこにおいておられるであろうか。

年次総会で決まったスケジュールどおりに、決まった時期に決まった行事をする……。しかし今では、それすら大変という町内会は多い。そのほか日常的に、ゴミの分別整理、交通安全指導、各種文書の回覧、行政の企画する行事への動員など、どこの町内会も役員さんは大忙しである。そこにまた、苦情や要望の電話がかかってくるなど……。だからこれ以上もう何もできないという気持ちになるし、お役目はこの一年だけでたくさんという声もよく聞かれる。次期の役員選びが大変という事情も、全国同じかもしれない。そして、そうであればますます、今やっていることで精一杯で、それ以外のことはできないし、またしないという風潮になるのもやむをえない気がしてくる。

しかし、ここがふんばりどころではないだろうか。今は何事によらず改革が求められ、しかも、その結果が数値化されるマニフェストの時代だ。ちょっとやり方を変えて、一歩だけでも前進したことがわかる運営をめざすことを考えたい。それには利用できるものは最大限に利用することを目標に組織体制の枠組みの柔軟化をすすめ、それにもとづき活動目標の精選・明確化を行いながら、活動の刷新を図ることを目指したい。

2　町内会間での活動の連携と分業化

全国の単位町内会の世帯規模をみると、一〇〇世帯未満という小規模のものは、人口規模の小さい町村を中心に、一九八〇年では、全国町内会の六七・四％（自治省調査、東海自治体問題研究所編『町内会・自治会の新展開』自治体研究社、一九九六年、資料編参照）を占めていたが、二〇〇八年には、五二・〇％（辻中豊責任編集『現代日本の自治会・町内会』木鐸社、二〇〇九年）に減少してきている。逆に、五〇〇世帯以上の町内会は、八〇年には三・六％であったものが、〇八年には一一・七％に増加し、五〇万人以上の都市では、三一・四％に達している。一〇〇世帯未満という会員世帯数はまとまりやすい規模ではあるが、各種の行事をこなしていくには少しきついところがある。この活動単位を少しまとめて時代の課題に対応する広域化の方向を示したのが、一九七一年度から始まる自治省のコミュニティ施策だった（第7章参照）。コミュニティ活動の範囲については、当初自治省が「おおむね小学校の通学区域」としていたものを、翌年、「たとえば小学校の通学区域」と改めて、地区選定への国の介入を避ける配慮がなされた。それもあって、コミュニティの区域は地域ごとにさまざまであったが、それでも小学校の通学区域かそれ以上の広域圏であるものが多数を占めた（全国のモデルコミュニティ地区八三のうち、小学校区以上のものが八六％）。その背景には、町内会の区域には現に町内会の組織があって活動していること、また新たな課題として浮上してきたものは、環境問題にせよ青少年健全育成の問題にせよ、町内会を越える広域的なものが多かったことなどがあったと考えられる。

他方で、少子高齢化と人口減少時代を迎える現代では、すでに過疎地域でそうであるように、今後、地域組織の再編を考えないと、従来どおりの行事ができなくなるところもでてくるであろう。小学校の統廃合が行われるような地域では、盆踊りや運動会の合同開催などをとおして、町内会の単位組織の広域化を検討することも必要となってきている。もちろん、地域組織は重層的なものであるから、以前の町内会のつながりをなくすのでなく、新たな広域組織の下部組織として、身の回りの問題に取り組むものと位置づけ、そのかわり執行機関は、人材のより豊富な広域で組織するという構造を考えることができよう。同種の活動を狭域と広域の両方の組織でそれぞれ行うことを避けながら、活動の企画、計画では広域で実行委員会や専門委員会を編成して分業化し、実行面では全体で協力しあうというような、より有機的な組織に編成しなおすことである。愛知県田原市の校区総代会では、これからの時代の地域コミュニティのあり方を検討するなかで、町内（旧集落）ごとにある小さな神社については、神社奉賛会を立ち上げて運営に当たるとともに、運営が困難となっている神社についてはこれを「合祀」して、共同して維持に当たることが提案され、実施されている（田原市総代会『地域コミュニティのあり方に関する報告書』二〇一一年）。

常設事務局の設置

さらに、こうした組織区画の拡大とそれによる新たな課題への積極的な挑戦のために、小学校区程度の組織に、前章で述べた常設の事務局（係）の設置を検討したい。「団塊の世代」の大量退職ということで、長らく経済界に奪われていた貴重な人材を地域で活用できる時代を迎えるという、町内会にとって有利な事情がある。自治体職員や教員であった人、各種の専門的な知識や技能をもった住民が地域に戻ってくる。いまはこれらの住民を、その能力を活かして活躍してもらうべく受け入れる絶好のチャンスである。こうした人材を受け入れ、ＩＴを活用した情報戦略で広報活動の水準を一気に高めることが、町内会刷新の第一歩ではなかろうか。

事務局といっても、実費補助程度のわずかな手当しか出せないが、組織と活動の連続性を保障し、情報の蓄積と発信という、いまもっとも大切で、しかし、口コミのネットワークが衰弱し弱体化しているこの分野を強化することができる意味は大きい。コミュニティセンターや地区公民館のような施設が整備されている地域は多いが、こうした場所に行政から人を配置することは困難である。しかし、そこには地域で何らかの人員の配置をしているであろうから、その担当者に、施設の管理人をこえて会の事務局の役割を担ってもらい、会の事務処理と、とくに若い住民の力を借りて広報機能の強化を図ることを提案したい。それらの事業をすすめるなかで、町内会の課題の整理と集約といった、少し長期的な視点を取り入れて、町内会活動のマンネリ化を防ぐこともできていくであろう。

3　活動目標と事業計画の精選・明確化

つぎに、活動の中身について考えてみたい。

以前にも紹介したＮＨＫ・ＴＶの番組「難問解決！　ご近所の底力」で、「問題ご近所」の住民の議論の展開には、特徴的な一つのパターンがあった。それは積極的に問題に取り組もうという提案にたいして、同席している町内会長が消極的な反応を示すことが少なくなかったことである。そのとき会長が挙げる理由は、「この町内には協力してくれる住民はいない」ということと、「だったら会長さんを先頭に説得に当ったら」という突っ込みに、「町内会長には、ほかにもやらなければいけない仕事がたくさんあるのでこれ以上はとてもできない」というものである。番組では、「私たちが先頭でやるから」という住民の熱意でゴーとなり、しかし実際に動き始めると、町内会長が先頭に立って大きな役割を果たしていくことになるのである。日常業務で追い回されている町内会長の姿を彷彿《ほうふつ》とさせるやりとりである。

不幸なことではあるが、日ごろの町内会住民間のつながりの薄さと地域への無関心や非協力の印象が強くて、住民のもつエネルギーに不信感を抱いている役員が多いようである。しかし、到達目標が明らかにされ、先進事例の学習によって成功への見通しがたつと、思わぬ参加や協力があってみごと難問解決という結果になることも少なくないことがよくわかる。

町内会の活動目標は町内会規約の目的の項に書いてあることが多い。しかしそれだけではあまりにも具体性に欠けるのが一般的である。「住みよい環境の整備」であれ「住民の親睦」や「安全なまちづくり」であれ、具体的な目標でなければことばだけが独り歩きして終わってしまう。また、花一杯運動や道路清掃でも、担当者の負担は結構重いので、長続きする仕組み(システム)をつくることが不可欠である。

共同の目標に支えられれば、まちが人をつくり人がまちをつくる

町内会の空間は大きくは三つに区分できる。一つは宅地や住居とそこでの生活という私的な領域、二つ目は道路や公園、その他の公共施設のような、法令や規則によって利用の権利や義務が定められている公的な領域、その中間に第三の、住民同士の交流や調整という共同の領域がある。これらは相互に関係しあい、影響しあって存在し、それによってそれぞれの地域の個性や問題をつくり出している。こうして、町内会の活動は、公的領域や共同領域での調整にとどまらず、個々の世帯や住民個人の生活に関わるところまで関与していかないと、真に実のある成果にはいたらない。建築協定や地区計画、あるいは町並み保存の事業は、公的な計画が私的領域まで規制することを容認する制度であるが、共同とは、本来、私的領域相互の接点とそこでの調整の場面で成立する活動である。その進展は、基本的に関係する住民の主体性によるものであり、合意なしに強制できるものではないが、個人には、自分が置かれた地域の状況について、共同を尊重する視点から判断することが求められる。共同の領域の発展は私的領域の充実につながるものと考えられるからである。

こうして住民の生活は、単に私的なものでなく、共同の事業の実践という面をもつことになる。たとえば、「この町内会から一人の孤独死もださない」という目標を掲げ、あるいは地震に備えて「ブロック塀を生け垣にしよう」と決めたとすれば、その実践は、家の外に出て町内会活動をするというより、自らの私的領域のなかで共同の意思を実現することであり、具体的

には、日々、近隣での安否確認に意を用いることであり、我が家のブロック塀を生け垣に変えることである。このように個々の住民の私的な実践に裏づけされたとき、町内会活動は共同の目標に支えられて活力をおび、住民の交流もより深いものとなる。まちが人をつくり、人がまちをつくるのである。

さしあたり必要な課題は?

まちづくりの目標を定め、ついでその目標にいたる計画をつくることになるが、個々人の生活や意思に関わる性格のものであるとすれば、計画はそんなに簡単につくりあげられるものではない。議論と調査を重ねて、やっとまとまるというものであろう。計画はすぐに総合的なものにする必要はないし、きれいな形につくりあげた計画は往々にして計画倒れになりやすい。さしあたり必要だと思う課題をはっきりさせ、関連するテーマをそれに加えていけばよい。目標としては、施設・環境整備的なものから社会関係の改善のようなもの、あるいは伝統文化の継承発展といったものなど、多様なものがあるであろう。これらを決める主体は住民自身である。そしてこの目標を広く住民が自覚して共有するとともに、その実現のための計画を、次の役員にも安定的に引き継いでもらうために、はっきりしたことばに表しておくことが重要である。

たとえば、東京都国分寺市高木町自治会（生活会議）は、つぎに掲げるように、一九八一年に「へいづくり憲章」（あしたの日本を創る協会編『ふるさとづくり'97』一九九七年、参照）を制定している。それは、その三年前に起きた宮城県沖地震のさいに、倒壊したブロック塀で学童が圧死するという被害があり、こうした悲劇を自分たちの地域で起こさないようにしようという決意のもとに地域を点検し、何度もの住民アンケートを行い、その結果をふまえて、地域の課題を憲章というかたちでまとめたものである。この取り組みはのちにこの憲章を継承・進化させ、総合化した、同自治会の「まちづくり宣言」（一九九六年一月制定、『市報国分寺』一九九六年三月一日号所収）に発展していく。こうした目標が定まってみると、行政のさまざまな施策が、町内会の掲げた目標の実現を後押ししてくれるものであることも実感できるようになる。この国分寺市高木町自治会の活動は、市の「防災まちづくり推進地区」指定を受けて実施されており、さらには都と市の助成によって、一五〇メートルの防災モデル生け垣の建設をも実現している。

国分寺市高木町

＊「へいづくり憲章」一九八一

一　緑豊かな町を生け垣で守りましょう。

二　お隣と会話のできるへいにしましょう。

三　歩行者の安全を考えたへいにしましょう。

四　子どもの命を守るへいにしましょう。
五　町並みの美しさを考えてへいをつくりましょう。
出典　『ふるさとづくり'97』あしたの日本を創る協会、一九九七年

＊「まちづくり宣言」一九九六
一　農地・農業や自然の営みと住民生活が共生できるまちづくりをめざします。
二　安全で美しい塀づくりを心がけます。
三　誰でもが安心して歩ける道づくりや憩える公園づくりをめざします。
四　近隣の日照や町並みなどに配慮した建物づくりをめざします。
五　駐車・ゴミ置場・騒音などに配慮し、生活環境ルールを守ります。
六　近隣とのコミュニケーションを一層心がけます。
七　住民同士が協力すると共に、行政や専門家と連携してまちづくりを進めます。
八　まちづくりに取り組む姿勢とみんなで育んだ環境を次代に引き継ぎます。
出典　『市報国分寺』七九四号、一九九六年三月一日

今後、分権化の流れで、地域自治区や地域協議会の制度化がすすみ、町内会やコミュニティ組織の意思が行政によって重視される傾向が強まると予想される。それだけに、町内会の運営

についても公共的な正統性が求められる。行政からの諮問にも、場当たり的に答えるのでなく、また、一部の住民の声で動くのでない、方針の定まった町内会運営が必要となる。スケジュールが先にあるのでなく、いまそれを取り上げる理由と、将来の何の実現を目指すものであるのかを見定めて、組織を挙げて取り組むようにすることが、町内会の存在意義を明確にし、新たな人材や資源を確保するための正道であろう。

第13章　行政からの自立と協働

1　町内会の自立への意識改革

町内会は、行政と住民との橋渡し役とかパイプ役とかいわれてきたが、権限と財源をもつ行政と、小さな範囲の住民をまとめて行政サービスにつなげる町内会とでは、役割の違いをこえて力の差を感じさせるところがあった。その結果として、行政は何かと町内会を便利に利用しようとし、逆に町内会は、地域の問題の解決に行政の特別の配慮を求めるという依存の姿勢が抜けなかった。二〇〇五年六月五日の『中日新聞』投書欄に載った名古屋市内の一町内会長の投書は、無意識のうちに行政に依存してしまう町内会の姿をよく表していた。

七〇歳のこの男性の町内会長は、持ち回りの会長の役をあみだくじで引き当てたが、隣人との関係も薄い地域であるうえに負担も多いことから、町内会を脱会したいという住民も多く、いっそ町内会をなくしたらという極論もでるという。しかし、災害時に町内会が果たす役割が大きいと考えるこの会長は、何とかして町内会を維持しようと努力している。そして、そのためにも町内会がなぜ必要なのかを住民に訴える必要を感じているが、その仕事は「行政が小冊子などを作るなど」して行うべきだというのがこの投書の主張するところであった。

現に、この趣旨のリーフレットを作って、転入住民に渡している自治体も少なくないが、それをなぜ「行政が作るべきだ」ということになるのか、ちょっと立ち止まって考える必要があろう。そこには、同じ住民どうしでは話も聞いてくれないといった現実や、能力や予算の問題、他方では町内会がないと行政も困るだろうといった意識が働いているように感じられる。しかし、行政としても町内会への加入を強制できるものではない。それに町内会がなぜ必要かを、どの町内会にもあてはまるような一般的な理屈でいわれてもピンと来ないのではないか。

町内会に関する調査で、加入していない人に「加入しない理由」を尋ねる質問への回答の上位は、おおむね「どのような活動があるのか知らないから」「役員等からの呼びかけがないから」等であることに注目しておきたい（たとえば、名古屋市「地域の活動やコミュニティセンターに関するアンケート」二〇一四、での上記質問への回答では、前者が一番多く四一％、後者は三位の三五％で、「忙しくて参加できない」が二位の三九％であった。住民が知りたいのは、その地域のことであることを示している）。当該地域の実情を踏まえて、住民に期待していることが何かを語りかけるほうが説得力があるし、その後の活動につながっていくきっかけづくりともなろう。ここで住民の説得こそは町内会の最大の仕事と考えて町内会の英知を集めてふんばるのでなく、つい行政に頼ってしまう。そうすることで、地域住民にとって町内会がどういう意味をもっており、いまどんな活動をしていくことが住民の期待に沿うことになるのかをさらに深く検討する機会を失い、行政の下請け団体、あるいは行政に庇護された団体としてのイメージを再生産することになりかねない。こうしたところに、行政の権限に無意識に依存してしまう町内会の体質が感じられる。同じことが、地域のさまざまな問題にぶつかる場面で出てきてしまうのではないか。行政からの自立には、町内会自身の意識改革が求められているのである。

2 行政からの自立とはどういうことか

これまでにも述べてきたように、住民の活動と行政の業務とは、公私二分論が想定するように、明確に区分できるものばかりではなかった。行政の仕事には権力による抑圧機能が含まれているが、同時に、社会を運営するための社会共同機能ももっている。この両者は必ずしも明確に区分できるものではない。大変複雑化している市町村行政についてみても、国や都道府県とも分担しながら、住民が共同生活を送るうえで必要となる共同事務、たとえば防犯・防災、町内美化、道路・下水の整備といった事柄を、税金の負担と引き換えに処理している。これらの事務は、法令の規定と予算にもとづき執行されるという点をとれば、制度的には公私に二分されているものの、活動の機能的な面でいえば、住民の自主的な参加・協力を得て行われている点で連続的なものである。そしてこの連続性がとりわけ、行政と町内会との関係の不分明を生んできたことは否定できない。

いま、国の政治政策は新自由主義的な方向を強め、自治体はその動きに巻き込まれて財源を切り詰められ、とくに教育や福祉の領域にその負担が押しつけられてきている。介護保険制度から外された「要支援」と「要介護1、2」の住民は、自治体の制度で救済することが必要となり、この人びとへの支援を地域にも求める動きがすすんでいる。そのなかで、この事態に自衛的に対応して、こうした政策で分断された住民が格差社会で下流化していくことに防波堤を築くと同時に、超高齢社会での住民の生活を守っていくために、地域共同管理の主体としての町内会が、住民自治の組織としてその自立性を強めて活動することが期待されている。そのための働き手は町内会だけではないにしても、グローバル化のもとで地域格差の拡大がすすんでいるときだけに、行政サービスの縮小・後退を漫然と放置し、地域生活の崩壊をなすすべもなく見守ることとしかないのかという問いかけがなされているのである。

行政が支援をなくせば自立するのか

町内会の自立性の弱さは、これまで集権型の行政システムのもとで、行政による強い統制、介入が行われた結果として強調される傾向があった。町内会は、行政協力組織とみられ、行政の指示のままに、多様な仕事を押し付けられ、遂行する組織であると評価されてきた。町内会長は行政から委嘱された身分で、行政から依頼された多くの仕事をかかえて多忙で、自主的な活動を行うひまもないといわれ、そのようにいう町内会長も少なくなかった。だから新聞や週刊誌などの町内会関連の記事でも、「行政の下請けが自立を阻む」（たとえば、日本経済新聞連載「地域に未来はあるか」一九九九年一一月八日号見出し）というとらえ方がよくみられたものである。それは行政の姿勢が町内会の自立を阻んできたとみる見方であり、町内会側も、行政が町内会を利用することをやめなければ町内会は自立できないと思い込んでいたところがある。いま、町内会の非加入者の増加による組織の弱体化もあって、行政も業務委託を控える傾向にある。そのなかでも町内会の運営しだいで多様で活発な活動をしているところもあるが、行政の指示に甘んじてみずからの役割を自覚的に追求してこなかった町内会も多かったのではないか。

だから、行政が「下請け」をやめれば町内会の自立性が高まるかといえば、事柄はそんなに単純ではない。行政の「下請け」の裏の面には、町内会の運営にたいする行政からのさまざまな助成・支援があってこれに支えられて町内会の活動が維持できているところがある。しかも、住民の地域共同生活の支援における町内会と行政との業務上の連続性からも、これらの支援をなくすことが町内会の自立だとは短絡的にいえないものであることはいうまでもない。

行政とどのように担いあうのか

地域共同事業の担当者をめぐる住民と行政との境界については、法令によるものを除けば、確定したものはないというべきであろう。高度経済成長期に、生活環境の整備の遅れとマイホーム型の生活の広がりのもとで、地域での面倒な問題、あるいはシビルミニマムに属する問題は基本的に行政が解決すべきものであり、それを要求することは住民の権利であるとの考えが広がっていた。財政の伸びが期待できた行政も、住民要求を最大限に受け入れることが住民主体の政策であるかのように理解する傾向もあって、地域サービスを拡大してきた。それが現在、財政危機のもとで、予算と職員を減らすことを迫られる自治体は、その仕事を外部化し、一部は町内会にゆだねようとする。そこで「本来、行政が行うべき業務を住民に押し付けようとする」との反発を受けることが起きている。

問題はそれが多くは「本来」どちらが行うべきものかどうか定まったものではなく、技術力や政治的な力関係をふくむ住民・行政の力量によって決まるものであることである。実質的には両者の協力で無理なく、より有効に業務が遂行されることが望まれるのであって、これまでどちらが行ってきていたかを基準にして「本来」の担当者を決めることはできない。住民は「本来、行政が行うべき」ものと考え、行政担当者は「住民の肩代わり」を行政がしてきたと考えてきたのである。

自立したまちづくりをすすめる長野県阿智村《あちむら》では、地区ごとの自治組織が地区計画を策定しているが、各事業は、実施主体について「地区が行う事業」「村と協働で行う事業」「村が行う事業」にわけて記載することになっている。その結果、同じ事業が地区によって異なって振り分けられることが起きるが、行政が画一的に振り分け直すことはしていないという（佐々木正義「阿智村の自治組織再編と地区計画づくり」『地域自治組織と住民自治』地域と自治体三一集、自治体研究社、二〇〇六年）。両者が仕事を押し付けあうのでなく、共同の事業としてどのように担い合うのがよいか、協議できることが重要である。

3　地域課題について議論し、課題解決に協働すること

町内会の行政からの自立とは、町内会が行政と無関係に活動することを意味しない。むしろ両者の関係を密にし、地域課題解決の自立したパートナーとして協働することが求められている。「下請け」ということばは上下の関係を前提にしているが、自立した町内会とは、行政と無関係になることでなく、両者がそれぞれの方法と領域で協力しあう主体性をもつことである。そこでは、町内会が目標を定めて活動をすすめながら、国や都道府県、市町村の地域活動支援の制度や施策も活用し、さらには地域の必要をふまえて新たな制度や施策の策定も要求し、それを拡大していくことである。これまでも、多くの町内会は行政から委託された業務を遂行しながら、さまざまな地域要求を行政に持ち込み、実現してきた。それが町内会の存在理由の重

要な一つであったし、こうした行政との関係は、町内会の歴史そのものであった。

自立した町内会ということでは、広島県安芸高田市《あきたかたし》高宮町川根地区の取り組みはその一つの典型をなしている。人口急減地区である川根は一九の集落からなる二〇〇戸ほどの農村で、高齢化率四五％（二〇一〇年、国勢調査）である。過疎化がすすむなかで学校、道路、橋など、地域存続の条件整備をどうするかについて有志で振興協議会を立ち上げて検討していたとき、一九七二年の集中豪雨で壊滅的な被害を受けた。その、復旧活動のなかから「自分たちでできることは自分たちで行っていく」必要を痛感して、一九七七年に全戸参加の振興協議会を結成した。

その後、中学校の統廃合問題が起こり、最終的には統合案をのむが、それに替わる施設として「自然と人間、都市と農村との共生をめざし、学習や実践をしながら地域の生活向上や豊かな生活環境をまもり育てていく拠点施設」として、行政による「エコミュージアム川根」の建設を実現した（一九九二年）。宿泊室（七室）、レストラン、研修室、集会室（一〇〇名収容可）、資料室、浴室、事務室よりなるこの施設の管理・運営は、この協議会を中心に二〇団体が出資して設立した運営協会が行い、宿泊、レストラン業務については地元の女性が担当している。その後も、農協支店が統廃合により閉店になると、協議会は一戸一〇〇〇円の出資金で「ふれあいマーケット」として経営の継続を図り（二〇〇〇年）、また、農地の荒廃を防ぎ、高齢期になっても農業が維持できる条件づくりとして、過疎地域でありながら、いな過疎化が深刻であるゆえに圃場整理を行い（一九九五年）、地域営農組合を立ち上げて機械類の共同管理、育苗・乾燥等の施設の整備、請負耕作をしてきた。

ともに能動的にかかわってこそ

この振興会の経費は、町（合併前の高宮町）からの活動助成金と住民の会費と寄付金によるが、川根では、町からの助成金が二五六万円、会費分（世帯当たり一五〇〇円）が計三六・一万円、寄付金が一八六万円（二〇〇三年度決算）となっている。寄付金が会費の五倍となっているが、各戸の一律負担額を抑えようとする工夫が認められる（以上は、神田嘉文『中山間地域における住民自治の確立に関する一考察』未刊稿による）。

この間の地域と行政との関係の展開は、当時毎年一回開催されていた「地域振興懇談会」をとおしてみることができる。これは一九八一年以降、欠かさず開かれていたもので、行政側からは町長はじめ課長以上の役場職員が参加している。初年度は行政からの提案で、地区の要望を聴くための「行政懇談会」として開催されたが、翌年から地区との共催となり、その趣旨も「住民と行政が同じ立場でまちづくり・地域づくりについて話し合う」ものとなった。

当初は地区からの要望が中心で、要望が実現しないと「いくら要望しても何もしてもらえない」という行政追及と不信の声も聴かれ、職員からは中止したいという声もでた。しかし真摯な議論のなかで、行政施策による課題解決には限界があることも理解されるようになり、先の阿智村の担い手の三分類と同じで、「地域で解決できることは地域で」「行政で解決すべきことは行政で」「行政と地域が協力し合ってできることは連携して」という方向が確認されていった。会の運営方法も、意見発表、シンポジウム、パネルディスカッション等、多彩であり、これは地域課題について行政と住民とが話し合うということにとどまらず、「参加した住民一人ひとりが地域内の諸問題を考える機会にするとともに、自治の担い手として成長するように企画されている」という（『高宮町地域振興会20周年記念誌』、神田、前掲論文より引用）。

このように、住民の「行政からの自立」とは、地域課題をめぐる状況についての正確な理解と、そのなかでの、住民自身がもつ力量の自覚、住民相互と住民と行政との連携・協力関係の形成をとおして実現されるものと考えられる。こうして、ともに能動的に地域にかかわる主体となることで住民と行政との地域協働は成熟していくのである。そのためには、住民が地域の維持発展について真剣に立ち向かう姿勢が必要であるが、それもこうした議論のなかから沸きあがってくるものであろう。

第14章　地域内分権と住民代表性——地域自治区を考える

1　地域自治区の制度化

平成の大合併といわれる市町村合併が、一九九九年から二〇〇六年まで、全国で強力に推進されるなか、二〇〇四年に地方自治法が改正されて、「地域自治区」が制度として採用された（法第二〇二条四～九）。

市町村の合併とは、そもそも行政の単位を拡大し、個々の市町村の権限や財政を集中・効率化して、行政運営の強化を図ることを目指す集権的な政策である。平成の合併が分権の推進とセットで行われたのは、本来の趣旨からすれば逆説的であるが、そこにはまさに現代の政治課題が反映していた。すなわち集中して生き延び発展していくことと、集中することで切り捨てられていくこととのせめぎあいである。一定の分権を容認しなければ合併自体がすすまないが、分権を維持していくには、それだけの自治の力量の強化が求められることでもあった。

第5章で述べたように、わが国では合併を繰り返すことで基礎となる自治体を広域化させてきたが、これまではその多くが弱い自治体を組み込むかたちでの集権化の施策であっただけに、編入される町村の住民にとって、それは生活に直結する行政サービスの低下を意味した。そのことが合併の足を引っ張る条件ともなることをおそれて、明治の大合併時には、新設の行政市町村の内部に、自治の性格はもたないことの確認のうえに、行政事務を「補助執行」するための「行政区」を設置することが認められた。第二次大戦後の昭和の大合併では、経済圏と生活圏の拡大を伴っていたこともあり、このような内部組織の設置は認められなかった。しかし、都市の急成長の一方で地方の経済の衰退と過疎化がすすむと、広域化した市町村内の周辺地区ではこうした地域動向に対処する力量を欠き、合併の負の側面も浮き彫りにされてきた。

こうした結果への反省に立って、今次の合併のあり方について検討を行った第二七次地方制度調査会は、その答申（二〇〇三年一一月一三日）において「住民自治充実や行政と住民との協働推進のための新しい仕組み」として、「基礎自治体内の一定の区域を単位とし、住民自治の強化や行政と住民との協働の推進などを目的とする組織」を基礎自治体の判断によって設置できるようにすることを提案した。これが「地域住民組織」と呼ばれたものである。合併を見越したこの答申の性格から、関心の中心は合併にさいして設置できる、期限付きながら法人格を有する自治組織にあったが、分権化の議論のなかでの提案であるだけに、合併対応の組織に限定するのでなく、同時に、一般制度としての地域自治組織についても言及したところに特徴があった。

この答申における一般制度としての地域自治組織は、「区域内に住所を有する者が当然にその構成員となる」もので、「住民に身近な基礎自治体の事務を処理する機能と住民の意向を反映させる機能、さらに行政と住民や地域の諸団体等が協働して担う地域づくりの場としての機能を有するものとし、基礎自治体の一部として事務を分掌するもの」（第四－4（2）①ア）であった。みられるように、この地域自治組織は自治体の内部組織であって、町内会のような住民の自主的な自治組織ではない。そして、組織のタイプとしては、法人格をもたないという意味で「行政区的なタイプ」とされているが、明治期の同類の組織が「行政区」と呼ばれたのと比べると住民自治の強化という時代背景を十分に反映する命名ではあるといえる。

地域自治組織の仕組みについて、答申は、地域協議会と組織の長および事務所の設置を規定する。地域協議会は、「住民に基盤を置く機関」であり、住民の参加、意見の調整、協働の活動の要となる。協議会の構成員は「自治会、町内会、PTA、各種団体等地域を基盤とする多様な団体から推薦を受けた者や公募による住民の中から……地域の意見が適切に反映される構成となるよう配慮」して、自治体の長が選任する。事務所は、「支所、出張所的な機能と地域協議会の庶務を処理する機能を担」う。地域協議会の役割としては、「地域自治組織の区域に係る基礎自治体の予算、基本構想、重要な施設の設置及び廃止等、一定の事項について」、基礎自治体の長に対して意見を述べるものとされる。財源は、自治体が必要な措置をとることとされている。

この答申を受けて、地域自治組織は地域自治区という名称で地方自治法に規定された。

2　地域自治区の特徴

先にもふれたように、この地域自治組織は自治体の内部組織であって住民の自治組織ではない。しかし、住民自治組織を論ずる場合に、大いに参考になる点をもっている。

それは一つには、狭域行政の仕組みが制度化されたことで、住民自治組織とのより緊密な関係が生まれることである。地域自治区の扱う事務としては、①地域福祉、②地域内環境保全、③地域内の道路・施設等の管理等、④地域防災・防火・防犯等、⑤地域固有の歴史・文化等の伝承等、⑥地域づくり計画の作成等、⑦地域住民に関する窓口業務等、が例示されている（松本英昭『新版　逐条地方自治法（第三次改訂版）』学陽書房、二〇〇五年）。⑦を除けば、これらはいずれも住民自治組織が長らく取り組んできた課題であり、地域自治区の設置によって、住民と行政との協働によるこれらの取り組みの前進が期待されたのである。

とはいえ、一般的には、「合併後の一体性重視と行政改革を優先」して、地域自治区を設定しない市町村が多かった（鈴木誠「高山市・恵那市（旧山岡町）の地域自治組織」前掲『地域自治組織と住民自治』）。そして、地域自治区は、段階的な設置は認めるものの、いずれはその市町村の全域に設置しなければならない（地方自治法第二〇二条四の一）ものであるため、その導入を決めた市町も、どの範囲に地域自治区を設置するかは、大きな検討項目となった。

他方で、合併で独立の自治体でなくなり、役場を失うことになる旧市町村の側は、地域自治区の区域となって事務所を確保するとともに、地域協議会を置いて地域の問題についての諮問に答え、あるいは独自の問題を取り上げて審議することは望ましい方向であった。これにたいし、これらの旧自治体を受け入れた元の市町村の側では、合併によって失うものはあまり問題にならないため、この制度の導入で、どの区画を地域自治区とするかが、新たな検討事項となった。そして、地縁組織は重層的に編成されて活動してきていたため、それらのうちのどれかのレベルの組織範囲を単位自治区とすることが行われた。

その結果、六つの市町村が合併した岐阜県恵那市では、六つの地域自治区がおかれ、旧恵那市の区域については、一つの地域自治区とするが、昭和の合併時の旧町村単位に八つの地域協議会支部が設置された。二〇〇七年には、この支部も独立してそれぞれ地域自治区とされた。合併で広大な面積となった愛知県豊田市では、編入六町村をそれぞれ地域自治区とすると同時に旧豊田市内を六つの地区に区分して地域自治区とした。そして、もともと豊田市内に組織されていた中学校区のコミュニティ地区二〇と編入六町村のそれぞれに一つ（藤岡は二つ）の地域会議をおき、市長が委員を任命して活動を始めている。これは地域課題解決の取り組みの継続の点でも、有効である。

独自の制度が盛り込める

第二には、地域自治区という制度を一つのモデルとすることで、自治体の判断で法定外の地域自治の制度を多様に構築することが容易になったことである。法による制度化をすすめた自治体でも、住民自治の強化の視点から、独自の制度を盛り込むことがみられる。新潟県上越市では、地域協議会委員の選任にあたって、地域自治区住民による公職選挙に準じた「選任投票」が行われ、その結果を尊重して市長が委員を選任する仕組みを採用した。これにより、たとえ市長が「地域の意見が適切に反映される構成となるよう配慮」して誠実に委員を選任したとしても、それを超える住民代表性が担保されることになり、また、委員自身が、自分が公選されたものであることを自覚して、より責任のある態度で審議にのぞむことで議論が促進されて、協議会の議論への信頼度が増すことが指摘されている（宗野隆俊「地域自治の課題と展望」、山崎仁朗・宗野隆俊編『地域自治の最前線』ナカニシヤ出版、二〇一三年）。

また、住民意思の表明は代議制に限定される必要はなく、以下に神戸市の通称「まちづくり条例」（一九八一年制定）にみるように、多くの住民が直接関与できる仕組みを開発することも可能である。

3　地域自治区の代表性の性格と限界

地域自治区は地域協議会を置き、その構成員はその地区の住民の「多様な意見が適切に反映されるものとなるよう」に配慮して選任されることになっている。しかし、委員数も限られていることから、「多様な意見」を反映できるような委員構成にすることは至難の業であろうし、そもそもそれが「適切な」構成であるか否かを立証する方法は組み込まれていない。

そこで一般制度としての地域自治区では、協議会の提言はそのまま採択されるのでなく、首長がそれらの意見を「勘案し、必要があると認めるときは、適切な措置を講」（地方自治法第二〇二条の七－3）ずることで、実施されることになる。選挙で選出されたのではないメンバーによる提言は、選挙で選ばれた首長または議員による決定という手続きなしには代表性を認められないのである。こうして、これらの協議会が具申する意見は、それ自体で首長を法的に拘束するものではない。とはいえ、この組織が法定化されたものであるだけに、それを受けた首長にたいする影響力は大きく、この意見と異なった決定がなされる場合には、その理由を説明する責任が首長にはあると考えられている。

地域自治区制度の発足以前の、特定の地域の政策策定にかかる市民参加の方式には、二つの傾向があった。一つは行政の政策についての広報と市民意見の聴取にとどまるものであり、もう一つは、住民の提案について、それに住民の多数が賛成していることの保証を求めるものである。前者の、いわば形式的な市民参加方式に対して、後者には、たとえば神戸市の「地区計画及びまちづくり協定等に関する条例（まちづくり条例）」（一九八一年一二月）のような方式を挙げることができる。この条例は、市長が認定するまちづくり協議会につぎの三つの条件の充足を求めている。

「1　地区の住民等の大多数により設置されていると認められるもの
2　その構成員が、住民等、まちづくりについての学識経験を有する者その他これらに準ずる者であるもの
3　その活動が、地域の住民等の大多数の支持を得ていると認められるもの」（第四条）

大阪府豊中市の旧まちづくり条例（一九九二年一〇月七日制定）も、まちづくり協議会について「その活動が、地域住民の多数の支持を得ているもの」（第五条、現「地区まちづくり条例第六条」）とし、「多数の支持」とは、自治会、商店街等において規約にもとづく総会で議決されたものであることを基準としている（同施行規則では新旧とも第二条）。

地域自治組織の制度化とともに、市民参加・協働の制度化もすすんできている。二〇〇一年に北海道ニセコ町がまちづくり基本条例を制定して以後、自治基本条例、参加のまちづくり条例、協働のまちづくり条例等、多様な名称をもつ条例が制定されてきた。その数は、二〇一六年末までに三六〇を超えるという（NPO法人公共政策研究所ウェブサイト）が、多くの自治

体で市民の参加を認める動きが起きていることがわかる。それらは、地方自治のなかに住民自治を位置づけ、その担い手である住民組織についての規程を置き、そこからの提案については、それが当該地区住民の合意によるものであることを認めることで住民参加をうながし、協働による自治の推進を図ろうとしている。

こうした制度にもとづく政策提案であっても、その策定過程で、地区住民の合意の形成が必要な場合に、それをどの組織で、どんな手続きによって行うかは、重要な問題である。町内会についても、役員会で決定したことが、地区住民の総意に沿うものであるかどうかをめぐって争いになることもあるようである。このさい、役員会の決定に反対する側の意見が地区住民の多数派の意見であるかどうかも確認できない場合もある。狭域の生活組織であるだけに、反目しあう関係をつくることは避けなければならない。最後には、住民投票制に準じた方式をとることも考えられるであろう。

いずれにせよ、地域に関する住民の合意の形成と行政に対するその表明の仕組みには、間接民主主義のかたちをとらない方式があることも忘れてはならない。住民の参加できる度合いは直接民主主義の方式のほうがはるかに高いことから、まちづくりのように住民全体に関係する問題では、てまひまはかかるが、委員選任の方式だけに限定せず、下から議論を積み上げていく努力が大切であろう。

4　住民自治財政運営の自己責任——より分権的な財政に

地域自治区は行政の内部組織であったが、住民組織と行政との関係についても、より分権的な原理が採用されていく傾向がみられる。

財政危機に触発された行政改革の必要性と住民自治の推進の観点が重なってではあるが、助成金ないし補助金をめぐって自治体の住民自治振興政策のあり方が変ろうとしている。それは金額の見直しだけでなく、交付する場合でも、従来の行政の各分野タテ割りのこま切れ型の補助金から、それらをまとめて使途は住民組織にまかせる包括型の交付金への転換、そして全地域への一律均等型の助成から事業提案型の助成への転換である。

従来、行政から交付されてきた各種の補助金、奨励金、委託費は、行政のタテ割りの各部課から、防火防犯、防災、ごみ処理、交通安全、体育のようなそれぞれの活動の推奨のために、また、老人会、子ども会、地区社会福祉協議会等に、それぞれ少額の補助金等が出されてきた。これらを学区等の住民組織でまとめればかなりの額になるのだが、細分されているために、毎年、同じような使途に当てるだけになってしまいがちであった。また、地域ごとの問題状況の差があるにもかかわらず、決った使途に当てる以外にない状況が続いてきた。住民自治の視点からは、こうした方式は改められる必要があった。

こうした反省に立ち、現在の財政緊縮の要請と、分権化の流れのなかで地域の事情による自主的判断の尊重という観点から、使途を細分して指示するのでなく一括して交付し、地域の実情に応じて使用できるようにする動きがでている。それは、地区住民組織のなかで年度ごとの事業に政策的選択ができるようになることを意味する。

目標を自覚する

さらには、世帯規模による差はあるものの、どの町内会にも一律に補助していたものの他に、地元からの提案をうけ、審査のうえ必要なところに補助する選択的な配分を行う市町村もある。こうした方策は、地区住民組織の自治の力の向上と活動の活性化、個性化に寄与するものとなるであろうが、同時に意欲のない町内会は衰退していく危険があることは、自治体についていわれるのと同じ競争社会化の問題点である。

行政から地区住民組織への補助金が、タテ割り行政の末端へと流れていると、一定水準の事業は続けられるが、住民組織の主体性は育ちにくい。そうであればこれらの改革は、住民組織の主体性が問われ、また主体性を育てようとする動きでもある。行政が細部まで関与するのでなく、住民組織の自己決定にゆだね、同時にその決定については住民組織の自己責任とする方向である。

たとえば三重県名張市《なばりし》が二〇〇三年度から試行する「ゆめづくり地域予算」制度は、まちづくりを、「住民が自ら考え、自ら行う」ことを目指し、「誰もがいきいきと輝いて暮らせる地域をつくりあげるため、行政の財政支援として」行うもので、「使途自由で補助率や事業の限定のない交付金」として、市内一五の地域づくり委員会にたいして交付するものである。それを受けた地域づくり委員会は「地域の課題解決のための事業を自ら実施」することになる（名張市『ゆめづくり地域予算制度』二〇一六年度）。

愛知県豊田市では、地域自治区の各地域会議が行う「地域活動支援わくわく事業」に、地区平均で六六〇万円の交付金（二〇一五年度）を出し、その事業の内容については地域会議で審査することになっている。こういう制度の開発によって、地域住民組織としても活動の基本目標が必要となり、この目標の実現のために、行政と住民との協働が促進されようとしているのである。

こうしてみると、これまでの町内会（およびその上部組織）には、地域の共同生活を住民としてはどうしたいのかについて地域住民自身で目標を定め、それを自覚して実現に取り組むという、自治にとって基本中の基本ともいえる事柄が、十分には追求されてこなかったことが浮き彫りになってくる。こうしたところに、町内会が自立の足をすくわれる基礎があったのではないかと思われる。

第15章　地縁型住民組織の可能性

1　地縁型組織としての町内会

最後に、町内会・自治会の原理を再確認し、あわせてその未来像を描いてみたい。

町内会は地域社会という場で編成される組織である。この点を正確に理解しておくことが、まず大切である。

すべての住民が対象

地域社会の特徴を、改めて整理したい。

地域社会とは、氏族・部族・親族のような血縁を基本原理として編成される社会組織ではなく、地域という空間的な広がりを基準として、その一定の範域内に居住する人びとを対象（あるいは主体）として編成される社会組織である。地域区画には、人口を数えるときの集計単位のような面もあるが、現実には人びとがそこに住み生活しているかぎり、そんな静態的なものであるわけがない。かつての身分階層社会では、地主や家主だけが地域社会の構成員でその借地借家人たちは員数外であった時代もあった。大正時代になって社会の民主化が進み、さらに戦時体制下では、配給制や防空避難等で国民の扱いを画一化する施策がとられた。こうした過程を経て、戦後の、全住民が平等に構成員と認められる時代になり、現在のような「近代的な」地縁組織として、全世帯参加型の町内会が成立したのである。

　こうして、地縁型社会であるということは全世帯が属するということであり、それはまた各世帯の全員が構成員であるということである。そして、その地域に生活するすべての人びとの安全、安心な生活を維持しようとするのが町内会なのである。このことを明示した一つの資料を挙げておきたい。それは愛知県下のある農村（愛知県北設楽郡《きたしたらぐん》設楽町《したらちょう》旧津具村《つぐむら》）が部落の組の寄り合い（常会）について定めた規程の一部である（『愛知県史資料編　近代10　社会・社会運動2』二〇〇七年、資料番号五六四）。

「組常会ニ関スル事項
イ　区域　組内常会ノ区域ハ組内全区域トスルコト　（中略）
ハ　出席者　組内ノ住民ハ老若男女ヲ問ハズ一家内全部常会員タルモ集合ノ際ハ一家ヲ代表スル意味ニ於テ適宜一名乃至数名出席スルコト　（下略）」
（一九四〇年一一月制定）

共同の力で地域を管理する仕方

人びとの流動性が高まっている現在の地域社会では、住民の構成も、そこでとり結ばれる人間関係も、日々、変化してやまない。個人の側からみれば、いまや地域は住居のある場所でしかないかもしれない。しかし、地域社会としてみれば、それは人びとの多様な生活関係がつねに維持・再生産されている場であり、統合を強める動きと弱める動きとがダイナミックにぶつかりあっている一つのシステムである。そして地域社会がそれとして維持・再生産されている過程に注目すれば、地域社会の特質は、地域を共同の力で管理運営する仕方（機能の果たされ方）に集約されているといえる（第4章参照）。

もちろん、地域の共同管理といっても、そこでの共同は程度差を含み、管理の内容も、客観的な地域環境の差やリーダーの資質等に規定されて一様ではない。しかし、現に地域社会が存続しているとすれば、そこには何がしかの共同の管理が行われているのであり、それを担う「地方機関」（R・M・マッキーバー『コミュニティ』一九一七年）が存在していることを示している。それが自治体の行政機構や議会であり、また町内会という組織である。地域の再生と活性化が期待されているいま、注目すべきは地域社会における共同管理の充実と、それを担う「機関」の成熟化である。それは自治体についてもいえることで、それが平成の大合併でも問われた問題であった。町内会と、その拡大によって構想されるコミュニティについても、それは当てはまることである。

2　地域共同管理の組織

地縁組織はこうして当該地域範囲に居住する全住民を包括するという特徴（全世帯加入原則）をもつが、法制度的に整備された自治体にたいして、共同管理機関としての町内会には、全世帯加入を強制できる法規はなく、先に紹介（第10章参照）した最高裁判決もいうように、町内会は任意加入の組織のままである。そこには区域全体、住民全体にかかわる管理を担いながら、全住民が参加する状態になっていないという現実の不整合が存在する。近代社会では人はどこに住まいを置くかについては自由である。しかし住んでいるコミュニティでどう生きるかも全く自由であるとはいえない。それは、ごみ処理についても、渇水時の節水への協力、駐車による共同空間の利用などでも、個人の勝手は地域社会の他の構成員に障害をもたらすという意味で明らかなことである。それは一人の個人が住み、生活するという営み自体が地域共同の条件と深く結びついているからである。

近代的任意組織（アソシエーション）は、個人の自由意思によって構成され、運営されることを原則とするが、地域社会では、その原則が無条件には貫徹できない事情がある。都市生活の自由も、都市計画や地区計画、建築協定などによって規制されることは、公共ないし共同の観点からは避けられないことである。こうした規範やルールは個人の自由への制約となる面があるが、都市計画ではこれが「建築の不自由」として肯定的に論ぜられていることは知られている通りである。地域で暮らすための防災・防犯、福祉、環境などのどの問題を取り上げても、共同の必要性あるいは共同のメリットは否定しようがない。これを外部からの不快な強制としか受け止められないのか、より安全で快適な生活のために自ら納得して主体的に選んだルールとするかは、規制自体の成熟度を別にすれば、社会的存在としての市民の成熟度の違いを表すものであろう。路上禁煙の制度も広がっているが、そこでの論点は、これを個人の自由の侵害とみて反発するか、多様な市民が共存するために必要な社会的ルールとして受け入れるかという問題であって、自由対規制という二律背反の問題ではないということである。

必要な共同性を了解し協力しあえる関係をどうつくる

町内会によっては、全世帯加入を規約でうたうものもあるが、納得がえられていない全世帯加入は組織の空洞化をもたらすおそれがあり、脱退の意思をもつものが現れると、これをはばむことができないのは、最高裁判決の通りである。逆に、強制していなくても、優れた活動が行われているときには、高い組織率を示すことになる。活動が充実していくと全世帯加入制に近づいていくのである。

地縁的共同社会の管理機関としての町内会は、その基盤とする地縁社会の全世帯を構成員に組織でき、共同管理機関としてふさわしい活動ができるように組織を整備充実させていくことが重要である。現状では、それは、町内会の地道な努力と地域の共同について理解をもつ住民の活動をとおして実質的に進めていくほかない。しかし他方で、とくに流動性の高い地域では、住民の無関心、攻撃性、引きこもりなどが地域に広がる危険もないわけではない。制度的な整備と社会人としての成熟、そして発展を支援する仕組みなどの整備が必要である。出身地も、卒業した学校も職場も違う住民がともに生活する地域では、この住民の多様性を地域の弱みとするのでなく、むしろ多様なニーズに対応できる基盤としてこれを活用していくことが期待される。そのためには、多様な住民が多様性をもって補い合い、情報の発信を通して交流を深めることができる場を用意することが大切である。こうした関係のなかで、地域に必要な共同性について相互に了解し、協力しあえる成熟した関係が育ってくると考えられる。

地域の共同性を高めていく制度面での一つの方向が、地方自治法改正によって一般制度として導入された地域自治区である。市町村内分権の制度である地域自治区は、区域内の全住民で構成されることになっており、現在の法にもとづく制度では、公共性は自治体（公職選挙で選ばれた首長と議員）の正統性によって保障する形となっている。現在のところ、一般制度としての地域自治区は、全国で一五市町（二〇一六年四月現在）に設置されているだけで、二〇一二年と比較すれば一増二減で減少傾向ともいえるが、近年、新たに設置した自治体（愛知県新《しん》城《しろ》市）は、庁内・地域での長期の熟慮のうえの決定であり、このタイプの拡大は、今後も期待されるであろう。この制度を導入した自治体も、導入に踏み切れずにいる自治体も、自治体内の地域の多様性と、それを反映する住民組織の多様性を整理しきれないでいる様子があり、町内会をふくめて地域共同組織の根の深さを感じさせるが、地域自治の実質をさらに住民自治の制度として発展させることは可能であろう。地域協議会の委員の選任に選挙制を導入することは、すでに新潟県上越市が先陣を切っている。形式はともかく、住民と行政の共同の取り組みによって、行政に対しても住民に対しても、協議会の決定が一段と高い公共性をおびることが見て取れる。こうした各種の工夫は、制度としては町内会においても採っていくことができる。町内会の役員選出にさいして、世帯単位で一票というルールではあるが、選挙を行っている事例は多く認められている。

財政面の改革としては、地域に公平に交付される自治体からの交付金、補助金を前提にしつつも、そうしたミニマムなレベルを越える独自の事業を行うことを望む場合には、第二七次地方制度調査会の答申が検討を提案し、イギリスのパリッシュが制度化しているような、地域での何らかの独自の費用負担（一種の課税。それは地域の立てる事業計画により、また住民の事業への協力の度合いによって異なる額となる点は、町内会費の場合と同じである）が制度化されていけば、狭域での住民自治の制度はより高次の形で実現していくことになろう。

また、コミュニティの価値についての教育を体系的に位置づけ、民主的社会の形成者像をより具体的に追求していく必要がある。少なくとも、コミュニティと個人の自由とを対置させるような段階を卒業することが必要である。この議論については、A・エチオーニ『新しい黄金律』（一九九六年、前掲）他の議論が参考になる。

3　住民が出会う場をつくろう——環境と人こそ資源

現在では、住民の関心は町内会よりもＮＰＯの方に向いているとよくいわれる。しかし、「はじめに」で紹介したように、内閣府の二〇一六年の「社会意識に関する世論調査」で「社会に役立ちたいと思っている」と答える人の割合は六五％で、二〇〇八年以降、このレベルを維持している。さらにその中の三三％が「町内会などの地域活動（お祝い事や不幸などの手伝い、町内会や自治会などの役員、防犯や防火活動など）」で貢献したいと答えていて、「社会福祉に関する活動（老人や障碍者などに対する介護、身の回りの世話、給食、保育など）」の三五％、「自然・環境保護に関する活動（環境美化、リサイクル活動、牛乳パックの回収など）」の三二％と並ぶ上位事項となっている（複数回答）。調査票の質問では、「社会福祉に関する活動」では、かなり専門性の高い事項があげられていることも注目されるが、これらの活動を地域で具体的にすすめていくには、今後、少子高齢化がいっそうすすむ環境のもとでは、団塊の世代を地域に受け入れることができるかどうかが、地域活性化の度合いを決めるものになるであろう。そのためには、行政だけでなく、企業、マスコミの支援も受けて、相互の接点を広げる取り組みの強化が期待される。

地域活性化の原点は、地域資源の活用である。産業の場ではなく生活の場である地域での最大の資源は、身の回りの環境と人である。

定住意識を活用しその力で地域をつくる

多くの地域調査の結果が示すように、住民の定住意識は都市・農村を問わずきわめて高いのがふつうである。二〇〇六年一一月に実施された朝日新聞社全国世論調査では、同一市町村に住み続けたい人の割合は、都市部では七三~七六%、五万人以下の町村では八一%であった（朝日新聞社『朝日総研リポート』一九九号、二〇〇六年一二月）。また、先の内閣府調査での「現在の地域での付き合いの程度」についての質問で、「付き合っている」と答えたものは、二〇〇四年の七一・七%以後、微減を続け、二〇一六年は六七・八%となっているが、大きな変化は見られない。さらに、二〇一五年の内閣府「住生活に関する世論調査」で、「近隣住民や地域との交流・つながり」を「持ちたい」と答えたものは八六%で性差はなく、年齢的には六〇歳台で高かった。このように、弱くなってきたとはいえ、住民のつながりがなお生きているのであるから、これを活用し、その力でより安心・安全で快適な地域をつくり、維持していくことは、きわめて重要である。高齢社会化や在留外国人の増加に対しても、こうした日常的なつながりが維持されていることが大きな意味をもつであろう。この地域への関心の種火は、地域における住民自治と地域民主主義の基盤となるものである。

基準を定めにくい地域活動では、自己中心的で他人に厳しすぎる大人になりがちでもある。しかし、日ごろの暮らしをともにしている町内会では、お互いに穏やかな関係のなかで、問題を解決しながら一緒に暮らしたいものである。これはわが国社会の貴重な資産であり、これを地域自治の基盤として今後も維持、発展させることが、超高齢・分権時代の町内会・自治会のすすむべき方向ではないであろうか。

おわりに

いま、町内会については、これまでの活動内容の改善・充実とは違った関心が向けられているように感ぜられる。それは、自治体内分権の担い手としての期待である。また、高齢化が速いスピードですすみ、人口も減少に転じてきているいま、縮小していく世帯や個人では解決できない問題が増えてきていて、この現実を生活の場で支える社会的仕組みの整備が緊急の社会問題となってきている。

わが国では、戦前の一九三〇年代までは、貧困対策は、第一義的には家族・親族の責任であり、それが困難である場合には地域が支えることが求められた。一九二九年公布(三二年施行)の救護法によってはじめて、救貧・救護が公の義務とされたが、国民の保護請求権は認められないままであった。第二次世界大戦後、日本国憲法第二五条により、困窮者の生活保障が国家の責任であることが明らかにされ、それにもとづく国や自治体の公的な社会福祉の制度や事業が整備・推進されてきた。また、国民皆保険制度により相互扶助の仕組み(社会的保険制度)ができて、公の制度を支える二本の柱となった。

他方で、高齢化と人口減少の進行により、育児や高齢者介護の仕組みをいっそう大規模かつきめ細かにすすめることが必要となり、それに要する膨大な財政負担を恐れる国は、「小さな政府」論を盾に、地域にいっそうの負担を求める政策路線をとってきている。

こうした状況のなかで、身近な問題については、地域で果たすことができる役割も決して小さくはないことも確かである。社会福祉協議会や地域包括支援センターの活動も広がって、住民の生活支援の事業も数を増し、町内会に対しても、支援の手が差し伸べられてきている。地域では、多くの組織や住民が連携し、協力しあうことが不可欠である。町内会も、伝統的な行政との関係だけでなく、地域内の諸組織やＮＰＯ等とも広く協力関係を構築していくことが求められるようになってきている。それは町内会の負担を軽減するという面をもつことも確かである（第11章参照）。

同時に、高齢化の進行や人口減少には地域差が大きい。市町村内でも地域差は大きく、各地域の課題に適切に対処していくためには、地域ごとの主体的な条件や資源の状況に合わせた取り組みをすすめることが求められる。この多様性に有効に対処していくためには、分権的な仕組みの整備が必要である。いま、町内会も、一方で、各地で同じような事業への取り組みが求められるとともに、地域に独自の課題に対して固有の組織体制や方法で対処することも重要になっている。また、より広域での協議会の制度化による地域固有の課題への取り組みや、より狭域での事業の実施など、活動の多様化もすすんできている。経験の交流と連携の強化を基礎に、町内会も、基本となる目標の実現をめざして、自覚的に活動を推進していくことが期待されている。

いずれにせよ、町内会が住民の必要を満たすものであることが、住民の関心を引き、組織強化につながる正の循環を始めるための第一歩である。そのためには何をすることが必要かを議論し、歩み出すことが、切実に求められるようになっている。こうした時代にあって、町内会の特質と可能性をあらためて整理しようとしたのが本書の出発点であった。

本書のもとになったのは、財団法人（当時、現・公益財団法人）あしたの日本を創る協会が「自治会町内会情報誌」として刊行している『まちむら』の第八二号（二〇〇三年七月）から第九三号（二〇〇六年三月）まで、一二回にわたって連載した原稿である。この連載については、同協会の故新井政二氏に大変お世話になった。はじめは四回くらいとしていたのに、同氏の折に触れての励ましに乗せられて、とうとう一二回まで書くことになってしまった。この連載の間に、自治体研究社の竹下登志成氏から、これを本にまとめることをご提案いただいた。そこで、はじめの原稿が字数の制限から意を尽くせなかったところを補い、再整理して一五章に編成し直したのが、二〇〇七年に刊行された本書の初版であった。

その後、町内会への関心の高まりと町内会の活動をすすめる人びとの研究心に支えられて、小さな手直しをしながら増刷を続けてきた。しかし、わが国の人口もいよいよ減少期に入り、高齢化もいっそうすすむことで、町内会としても従来の延長線で活動を続けることでは、組織を維持することすらむつかしい状況もみえるようになってきた。いろいろな町内会の改革案も出てきているが、地縁組織である町内会の本質をふまえ、分権化への展望をもっての改革でなければ、わが国のこの貴重な伝統を維持、発展させていくことはできないであろう。そのような問題意識をもって、本書の内容を大幅に見直し、修正加筆したのが本書である。

新版の刊行に当たっては、そのご提案をいただき、適切な助言とともに作業をしてくださった編集部の深田悦子氏と寺山浩司氏に、深くお礼を申し上げる。

私もそのメンバーの一人であった東海自治体問題研究所の町内会・自治会研究グループは、これまでに、『町内会・自治会』（一九七八年、自治体研究社、以下同じ）、『これからの町内会・自治会』（一九八一年）、『町内会・自治会モデル規約』（一九九一年、同改訂新版、二〇〇六年）、『町内会・自治会の新展開』（一九九六年）、そして『地域再生と町内会・自治会』（二〇〇九年、同増補版二〇一二年）を上梓してきた。最初の共同著作であった『町内会・自治会』以来、すでに四〇年を経過し、その間には、阪神淡路・東日本の二つの大震災を経験して、あらためて地縁の意味を確認することになった。東海自治体問題研究所の町内会・自治会研究グループも、「地域づくりと住民自治研究会」に改組して、町内会・自治会を基礎に置きながら、より広く、地域連携による住民自治のあり方を検討し続けている。本書もこれらの著作の延長線上にあるもので、このグループの皆さんとともに学んできた成果によっている。記して謝意を表する。

二〇一七年四月

中田　実

な

は

ま

や

ら

索　引

[著者紹介]

中田　実（なかた・みのる）

名古屋大学名誉教授

1933年愛知県生まれ。1969年から名古屋大学助教授、教授、1997年から愛知学泉大学教授、愛知江南短期大学学長を歴任。専門は社会学。

主要著作　『地域共同管理の社会学』（東信堂、1993年）、『町内会・自治会の新展開』（編著、自治体研究社、1996年）、『地域共同管理の現在』（共編著、東信堂、1998年）、『世界の住民組織——アジアと欧米の国際比較』（編著、自治体研究社、2000年）、『新　自治会・町内会モデル規約——条文と解説』（共著、自治体研究社、2004年）、『改訂新版　新 自治会・町内会モデル規約——条文と解説』（共著、自治体研究社、2016年）、『改訂新版　地域再生と町内会・自治会』（共著、自治体研究社、2017年）

新版 地域分権時代の町内会・自治会

2017年 5 月 20 日　初版第 1 刷発行
2019年 12 月 25 日　初版第 3 刷発行

著　者　中田　実

発行者　長平　弘

発行所　㈱自治体研究社
〒162-8512 新宿区矢来町 123 矢来ビル 4 F
TEL：03·3235·5941／FAX：03·3235·5933
http://www.jichiken.jp/
E-Mail：info@jichiken.jp

ISBN978-4-88037-663-9 C0036　　印刷／ステーションエス